ADPP4EJ
1810160
~~29.95~~
28.45

Comprendre
les messages de votre corps

Du même auteur

Manipulations viscérales I, avec Pierre Mercier, Paris, Elsevier, 2004 *(première édition : Maloine, 1983).*

Manipulations viscérales II, Paris, Elsevier, 2004 *(première édition : Maloine, 1987).*

Le Thorax, manipulations viscérales, Paris, Elsevier, 2005 *(première édition : Maloine, 1989).*

Manipulations urogénitales, Aix-en-Provence, De Verlaque, 1990 *(première édition : Maloine, 1984).*

Diagnostic thermique manuel, Paris, Maloine, 1994.

Approche ostéopathique du traumatisme, avec Alain Croibier, L'Étrat, Actes graphiques, 1997.

Diagnostic articulaire vertébral, avec Jean Paul-Mathieu et Pierre Mercier, Aix-en-Provence, De Verlaque, 1979.

Manipulations de la prostate, Paris, Elsevier, 2004.

Manipulations des nerfs périphériques, avec Alain Croibier, Paris, Elsevier, 2004.

Manipulations des nerfs crâniens, avec Alain Croibier, Paris, Elsevier, à paraître.

JEAN-PIERRE BARRAL

Comprendre les messages de votre corps

Avec la collaboration de Hélène Armand

Albin Michel

Sommaire

Introduction

L'être humain est fait d'un corps et d'un esprit, il est un individu, une entité. Avant sa naissance, il est le fruit de la réunion de deux êtres. Après, il entre en relation avec sa famille, puis se met en connexion avec la société. Il s'inscrit dans le monde, dans l'univers, le cosmos… qui, tous, sont en mouvement. Comme eux, l'homme est en mouvement. En lui, de la naissance à la mort, tout bouge, tout change. La croissance et le vieillissement en sont les plus claires illustrations. Prendre conscience de ses propres évolutions, des rythmes qui s'imposent, des mouvements qui s'impriment, des interconnexions qui font un corps vivant, c'est apprendre à se connaître et à prendre soin de soi afin de traverser la vie en meilleure harmonie.

À l'écoute de soi

Sans vouloir vous inciter à l'égocentrisme ou au narcissisme, vous ne devez jamais perdre de vue que vous êtes la personne la plus importante de votre vie. De vous, de votre propre équilibre dépend l'équilibre de votre entourage et, par rayonnement, l'équilibre de tout un système familial ou social. Ce que vous recevrez en retour sera toujours bénéfique. Vous avez donc à votre égard un devoir de surveillance et d'entretien. Beaucoup d'entre nous s'occupent mieux de leur voiture que de leur corps. Combien de ceux qui connaissent le plaisir d'être au volant d'une voiture rutilante et vrombissante se sentent aussi confortables « dans leur peau » ? Combien de ceux qui, au moindre bruit suspect du moteur, courent chez le garagiste, agissent avec la même déférence lorsqu'ils ressentent un malaise ou un mal-être personnel ?

Ne nous écoutons pas de façon excessive au risque de devenir hypocondriaques. Cependant, apprenons à écouter notre corps et ses réactions, pour parvenir tout simplement à être en phase avec « notre moteur », pour éviter les pannes et profiter au mieux de ses performances.

Nous avons tous nos peurs, nos complexes, nos culpabilités. Sortons des schémas dans lesquels nous nous sommes volontairement enfermés pour accepter de nous regarder en face et même jusqu'au fond de nos tripes. Affrontons nos réalités communes et exploitons nos différences qui se révèlent souvent exceptionnelles, transformons nos perceptions négatives en constructions positives.

Mieux se comprendre...

Apprenons à ne plus avoir peur de notre corps et de ses réactions. Acceptons d'exprimer nos émotions. N'oublions pas qu'une émotion a des répercussions sur notre physique. C'est déjà le premier pas vers le mieux-vivre. Comprenons comment le corps garde en mémoire un traumatisme pour détecter les signes avant-coureurs d'un dysfonctionnement. Cherchons à prévenir plutôt qu'avoir à guérir. Nous nous portons d'autant mieux que nous avons de l'attention pour notre santé. Les parents s'évertuent à enseigner à leurs enfants le sens pratique et moral, comment se débrouiller dans la vie courante, comment aborder la vie en société, en trois mots, « comment devenir autonomes ». Ne pourrait-on pas imaginer également une plus grande autonomie dans la gestion de notre santé ? Il me semble préférable de prendre à bras-le-corps l'adage « Aide-toi et le ciel t'aidera » et de compter d'abord sur soi pour se construire une bonne santé. Se connaître, bien se nourrir, faire de l'exercice sont les préceptes de base pour s'offrir le plaisir d'un organisme et d'un mental en bon état de fonctionnement.

... pour mieux se porter

Le système de santé actuel a tendance à nous dire : « Soyez malades, nous allons vous soigner. » Il n'est pas certain que ce soit la bonne attitude. Il vaudrait mieux recommander : « Faites d'abord tout ce que vous pouvez pour être en bonne santé. » Tout au long de ce livre, je m'efforcerai de vous apporter des informations qui vous aideront à comprendre le langage du corps et à vous adapter à ses exigences pour mieux gérer votre forme et votre santé. Par exemple, si un jour vous êtes sujet à des maux d'estomac, avant de vous précipiter chez le pharmacien et d'acheter un médicament qui masque la douleur, posez-vous les questions essentielles : comment s'est déroulée ma journée ? au travail, ai-je eu des affrontements avec ma hiérarchie ? si oui, quel a été réellement mon degré de contrariété ? En concluant, par exemple, que des paroles amères de votre supérieur ont pu déclencher ces maux d'estomac, vous pouvez atténuer votre douleur mais aussi mieux construire vos défenses. Comment ? En imaginant une nouvelle attitude face à la vexation, en renforçant votre protection, en vous attachant à vos points forts. En prenant soin de votre organe avec une alimentation et une hygiène de vie adaptées. Un peu d'introspection vous sera d'un grand secours. Dans cet ouvrage, vous trouverez pour chaque organe :

– une brève description de son fonctionnement ;

– une explication plus détaillée de ses dysfonctionnements et des symptômes qui peuvent apparaître ;

– les émotions qui y sont rattachées ;

– une description de la personnalité, de la gamme d'émotions qui correspondent à cet organe. Par exemple, la personne « foie » ou la personne « cœur » ou la personne « rein », sachant qu'il s'agit d'une dominante, car nos organes interagissent ;

– enfin, les soins adaptés à l'organe en question sur les plans physique, alimentaire et psychologique.

Avant de faire appel aux spécialistes et de vous entendre dire « Rien ne va plus, on va vous prendre en charge », n'oubliez pas que vous disposez de moyens d'action efficaces pour préserver votre santé : l'écoute et la compréhension des messages de votre corps.

Première partie

Votre corps parle, écoutez-le

Notre corps, une mécanique bien rodée

L'intérieur de notre corps nous est invisible. Hormis quelques notions anatomiques et médicales, nous connaissons mal son fonctionnement et les interactions de ses différents systèmes. Le grand mystère de « notre intérieur » est contenu dans une enveloppe, la peau, qui est, comme l'enceinte protectrice d'une ville, un rempart contre les agressions extérieures. La peau protège notre vie. Toute rupture de cette enceinte nous met en danger. Un traumatisme physique, un acte chirurgical, une blessure, une fracture sont autant d'agressions destructrices qui nous affaiblissent. Les blessures se referment mais la peau reste marquée d'une cicatrice visible alors que l'intérieur du corps mémorise de manière invisible cicatrices, douleurs et stress. Ces tensions sous-jacentes peuvent ressurgir à tout moment.

Plus insidieux, les agressions morales et les traumatismes psychologiques créent une brèche dans notre enceinte et parviennent à la traverser sans laisser de traces apparentes. Pas de cicatrice superficielle mais une mémoire qui s'imprime en profondeur dans notre corps. La première cible sera notre « maillon faible », notre point sensible. Ce peut être le dos, le foie, l'intestin… Par ailleurs, du corps émanent des fluides électromagnétiques qui constituent autour de la peau une autre enceinte, invisible et subtile. Vous pouvez l'éprouver lorsque quelqu'un s'approche trop près de vous. C'est la sensation de votre limite d'acceptation d'une présence, la distance que vous avez besoin de laisser entre vous et la personne qui vous aborde.

La brèche, visible ou invisible, constitue dès lors une voie d'eau, comme sur un bateau. L'équipage s'efforce de la colmater : s'il a de la vigueur, le dommage est vite réparé, s'il est épuisé par des jours de mauvaise mer ou de multiples avaries, la réparation peut s'avérer au-dessus de ses forces et la voie d'eau risque d'avoir raison du bateau. L'équipage aura manqué d'énergie !

Dans nos organes, l'écho de nos émotions

Quand nous éprouvons une émotion, ce n'est pas notre pied ou notre menton qui réagit, mais nos organes. En effet, ils sont extrêmement réceptifs à nos émotions et à nos sentiments. C'est ainsi que nos émotions « prennent corps ». Quelques expressions consacrées l'expriment spontanément : « Ça me fait mal au ventre » ou « Ça me fait mal au cœur », « Ça me prend les tripes », « Je me fais de la bile », « J'en ai le souffle coupé, la chair de poule », etc. On dit aussi : « Il a de l'estomac », « Il a du cœur… ». Le vocabulaire évoquant le registre de l'émotivité des organes est riche. Il existe une hiérarchie dans la réactivité des organes. Elle est fonction de l'intensité, de la gravité et de la durée du stress. Il est difficile de comparer le stress provoqué par la perte d'un trousseau de clés à un licenciement ou à une rupture avec une personne aimée.

Dans la classification usuelle de l'intensité des émotions vient en premier lieu le décès d'un proche, puis le divorce, la perte d'un emploi, un déménagement non voulu. Ensuite, la liste est sans fin. Les réactions émotionnelles vont de simples spasmes de la vésicule biliaire aux brûlures d'estomac, vomissements, malaises, syncopes, ulcères, hépatites ou maladies plus graves. En général, pour les petites contrariétés, ce sont la vésicule et le plexus solaire (situé au creux de l'estomac) qui réagissent. Nous verrons que chaque organe est émotionnellement et physiquement connecté au cerveau. La relation émotionnelle avec ce dernier est qualitative. Ce n'est pas n'importe quel stress qui l'affecte. Donnons tout de même la palme à l'intestin et au foie qui sont de grands « stockeurs » d'émotion.

Dans les comportements, l'écho de nos organes

Non seulement un organe réagit à une émotion, mais la réaction de l'organe induit certains de nos comportements. Prenons l'exemple de l'intestin, qui est souvent en relation avec la psychorigidité et la phobie de la propreté. Lorsqu'une personne présentant une fragilité ou une faiblesse intestinale subit une crise, elle va soudainement montrer une frénésie de nettoyage ou s'opposer à son entourage pour des broutilles.

Le maillon faible

En matière de dysfonctionnement viscéral, nous ne sommes pas égaux. En effet, chaque individu possède son

« maillon faible », un organe plus vulnérable que les autres, cible privilégiée du stress. On dit couramment : « Je suis fragile des intestins, de la vésicule (ou autre…) ». L'organe faible l'est souvent par transmission génétique ou l'est devenu suite à un mode de vie dommageable à l'organisme. Par exemple, une personne au foie sensible a des réveils difficiles les lendemains de dîners trop lourds ou trop arrosés. Elle est ronchon, irascible, agressive, hérissée au moindre stress. Attention à ceux qui se trouveront sur son passage ! Un prétexte futile et le débat contradictoire démarre au quart de tour !

Pour ajouter à la complexité des fonctionnements du corps humain, il faut préciser que dans le vaste monde des émotions, chaque viscère a son terrain de prédilection. Nous les analyserons plus loin, mais voici quelques exemples simples pour illustrer notre propos :

– le foie est sensible à tout ce qui touche à l'unicité de l'être, au moi profond ;

– la rate et le pancréas sont particulièrement fragilisés lors d'émotions intenses, intolérables et subites comme le décès accidentel d'un proche ;

– chez la femme, les seins réagissent aux problèmes familiaux, aux manques de stabilité et d'affection. Ils peuvent se congestionner, devenir douloureux, développer des kystes et des tumeurs ;

– chez l'homme, l'estomac se fait l'écho de la vie sociale. Il est le réceptacle des tensions générées par nos confrontations avec les autres ;

– face à un stress, certains organes tels que les bronches, l'estomac, la vésicule, l'intestin sont sujets à des spasmes. Pour d'autres comme les reins, ce sont essentiellement les systèmes vasculaire et excréteur qui se contractent, entraînant un dysfonctionnement de l'organe lui-même.

Comme une onde de choc, le stress propage ses résonances à différentes parties du corps. Mais l'être humain dispose d'une panoplie de solutions préventives afin que « son intérieur » soit bien tenu et en bon état de fonctionnement.

La santé en héritage

Si l'on s'en tient à la comparaison individu-voiture, nous limitons notre corps à une carrosserie et un moteur. C'est omettre ce qui différencie l'homme de la machine : la pensée, l'affect, les acquis génétiques et culturels... Tout ce que l'individu a reçu de solide et de positif contribue à sa bonne santé. Le moins bien s'inscrit en négatif. Inconsciemment, notre corps et nos organes enregistrent en permanence. Nous portons en nous la mémoire de nos ancêtres. C'est notre héritage génétique. Ce peut être la force ou la longévité, mais aussi des maladies plus ou moins évidentes comme l'allergie, le diabète, l'asthme, le psoriasis, l'eczéma. Des maladies cachées qui ne demandent qu'à renaître, comme la lave sous le volcan. Un stress émotionnel peut, par exemple, réveiller une maladie génétique insoupçonnée.

Une jeune patiente de 25 ans me consulte pour un eczéma géant qui s'est déclaré brutalement deux jours auparavant. Je connaissais sa nature sensible. A-t-elle subi un choc émotionnel ? Je m'en inquiète. Dans un long soupir d'abattement, comme si le ciel lui tombait sur la tête, elle me dit : « Non, pas de choc. J'ai passé un entretien d'embauche la semaine dernière. J'étais incroyablement stressée. » Je l'interroge plus avant : « Avez-vous dans votre famille des personnes sujettes à l'eczéma ? – Ma grand-mère », me répond-elle.

Elle portait le germe en elle. Il s'est développé sous la pression de l'entretien d'embauche, son premier grand stress de femme responsable.

Adopter une alimentation appropriée, éviter les toxines, pratiquer une activité physique adaptée, choisir des méthodes douces de relaxation ou de yoga si nécessaire, c'est tendre à un bon équilibre de santé.

À l'écoute du corps : le cerveau

Le cerveau est le lien indissociable entre le corps et l'esprit. Il commande tout. Il reçoit, transmet, mémorise. Il nous permet de penser, d'imaginer, de créer, de parler, de marcher. C'est lui qui décide si nous devons être heureux ou malheureux, si nous devons rire ou pleurer, être actifs ou inactifs : il s'agit de 1,3 kg de matière cérébrale qui est loin d'avoir livré tous ses mystères ! Usine à penser, usine à transmettre, usine à produire, le cerveau est le relais entre notre rapport au cosmos et la réalité de notre corps. Les rythmes biologiques, circadiens (du soleil), mensuels (lunaires), saisonniers qui, inconsciemment, gouvernent l'individu, transitent par le cerveau avant d'influer sur le fonctionnement du corps.

Par rapport à son poids, seulement 2 % du poids du corps, le cerveau est un grand consommateur d'oxygène : 20 % de l'oxygène du corps, dix fois plus que certaines autres parties du corps. Le meilleur moyen de bien oxygéner son cerveau est de développer son activité physique. Quand on sait que le cerveau commande muscles, membres, nerfs, hormones, réactivité, pensée, volonté, on réalise que le corps est une machine très perfectionnée qui s'autogère, mais qui n'est pas autonome. En effet, pour bien fonctionner, la machine a besoin d'apports extérieurs et de stimuli de toutes sortes. L'alimentation est son essence, à laquelle il est indispensable d'ajouter les apports psychiques. L'affection, la reconnaissance, la valorisation, le travail intellectuel sont autant de facteurs qui jouent pour son équilibre.

---

100 000 km de nerfs

Le cerveau et l'ensemble de l'organisme doivent communiquer entre eux. La moindre information met en œuvre tout un système nerveux de communication qui fonctionne comme un réseau de mini-câbles. Ces derniers parcourent notre corps et aboutissent à deux centrales : la moelle épinière et le cerveau. Si l'on met bout à bout l'ensemble de nos nerfs, on obtient une longueur de 100 000 km. Un chiffre qui illustre là encore la complexité du corps humain. De plus, à chaque nerf correspond une artère. Ce sont donc 100 000 km d'artères qui parcourent également notre corps. Une perfection de conception dont l'origine nous échappe et qui doit nous inciter à rester modestes par rapport à ce don exceptionnel que nous a donné la nature.

Par bonheur, nous somatisons

Le cerveau est le grand ordonnateur de la somatisation, une manière assez saine de se libérer de ses troubles psychiques. Le cerveau reçoit tellement d'informations qu'il ne peut tout emmagasiner sans dommage. En temps normal, les cinq sens confondus, il peut recevoir environ 10 milliards d'informations par seconde. En cas de danger, 100 millions de stimuli supplémentaires l'assaillent instantanément. Toutes ces informations qui se bousculent sont heureusement sélectionnées, triées par une structure nerveuse nommée « substance » ou « formation » réticulée. La somatisation est le déversement du trop-plein d'émotions dans nos organes. Finalement, et dans la mesure où elle reste acceptable et ne met pas nos jours en danger, la somatisation est un phénomène salutaire qui nous permet de nous maintenir en bonne santé mentale.

Mais parfois, parce que nous cogitons et que nous sommes préoccupés, parce que nous imaginons et dramatisons, nous pouvons donner à de petites causes de grands effets. Comme cette patiente, venue me consulter pour une douleur dorsale récidivante qui l'inquiétait de plus en plus. Scanner, IRM n'avaient rien montré d'anormal. Mais, au lieu d'être rassurée, elle avait imaginé le pire. Elle en était devenue dépressive et souffrait de troubles digestifs. Nous avons tous un jour entendu une petite voix insidieuse nous murmurer : « Tu es peut-être en danger, un cancer peut commencer comme ça. » La douleur récidivante réveille l'angoisse de la maladie et de la mort inhérente à l'homme. Au cours de la consultation, la mobilisation du thorax et des côtes révéla une côte gauche complètement bloquée assez loin de la colonne vertébrale. En appuyant sur ce point précis, la douleur était évidente : « C'est exactement là que j'ai très mal ! s'exclame-t-elle. Comment avez-vous fait pour trouver ? »

Ce n'est pas en interrogeant la personne que l'on trouve le problème mais en interrogeant le corps et en interprétant ses messages. Les zones douloureuses attirent littéralement la main de l'ostéopathe. Les médecins que cette patiente avait vus auparavant s'étaient focalisés sur la colonne vertébrale. En fait, la côte s'était bloquée lors d'un faux mouvement en fermant les volets. Ce problème physique avait entraîné un dysfonctionnement pancréatique qui, lui-même, avait contribué à nourrir l'anxiété. Articulations, muscles et ligaments ont des centres nerveux communs avec les organes. L'irritation d'un organe peut provoquer un problème articulaire. Le contraire est également vrai. Un problème articulaire peut déclencher un problème viscéral. Ce cas souligne l'importance que peuvent prendre les petits événements de la vie quotidienne chez une personne fragile. Parfois, nous nous faisons tous un peu de cinéma. Et d'autant plus si le thérapeute ne nous comprend pas ou ne peut sentir et analyser notre douleur. Ne pas être reconnu dans son mal provoque angoisse et frustration.

Des émotions pour la vie

L'émotion s'exprime. Elle se lit sur un visage : nos yeux brillent de joie, notre bouche bée d'étonnement. Elle se voit sur la peau : nous rougissons, pâlissons, avons la chair de poule. Elle se devine dans les gestes : nous levons les mains vers le visage d'effroi. Avant même la parole, la communication émotionnelle fut pour l'homme le premier mode d'échange et de communication. Originellement, elle procède de l'inné, comme l'instinct animal. Avec la civilisation et le polissage des mœurs, l'homme a appris à maîtriser ses émotions. Mais on saute encore de joie, on rit de bonheur, on sourit de plaisir, on pleure de chagrin, on fait triste mine de dépit. Selon l'éducation qui nous a façonnés et le milieu dans lequel nous évoluons, nos émotions sont plus ou moins jugulées, intériorisées. Cependant, très fort serait celui qui parviendrait à cacher la totalité de son registre émotionnel. Ce qui par ailleurs serait une grave erreur pour l'équilibre psychique. Nous ne sommes pas tous égaux devant l'émotion et ne sommes pas tous formés à la même école pour réagir aux événements.

Le grand spectacle des émotions

Souvenez-vous du jeune supporter anglais qui avait tenu son pari de traverser entièrement nu le terrain de jeu lors d'un match de foot à grand spectacle et large diffusion. De notre fauteuil de téléspectateur, il était intéressant d'observer les réactions du public. Certains s'exclamaient, riaient en gesticulant et en applaudissant, d'autres s'étaient levés mais si déconcertés qu'ils en étaient bouche bée, d'autres encore restaient assis, visages fermés marquant la désapprobation. On a même vu des gens apeurés, une main devant la bouche et l'autre montrant le peloton de gendarmes qui s'approchait de l'énergumène. Le même stimulus provoque des réactions différentes selon les individus. Ce qui rend les uns gais peut rendre les autres anxieux. Chacun réagit avec son émotivité, sa culture et son éducation.

L'émotion, entre raison et pulsion

Nous pouvons plus ou moins contrôler les mécanismes physiques liés à nos émotions. En adoptant par exemple une respiration profonde qui détend les muscles et ralentit le rythme cardiaque. C'est en tentant de comprendre nos pulsions que nous parvenons à mieux les gérer et les réguler et que nous pouvons prétendre à la maîtrise de la pensée sur elles. Une attitude qui ne devient naturelle qu'après un long apprentissage ! Si nous ne pouvons éliminer totalement l'émotion, il est bon d'éviter le trop-plein. La solution est en nous. Les méthodes pour nous y aider sont nombreuses (voir p. 293). Nous obtiendrons chacun des résultats nuancés car nous le savons, nous ne sommes pas tous égaux devant l'émotion.

Le quotient émotionnel

Le QI (quotient intellectuel) fut longtemps considéré comme la seule mesure étalon de l'intelligence. On lui adjoint désormais le QE (quotient émotionnel). Deux individus identiquement doués d'intelligence et capables en théorie de comprendre et de résoudre le même problème ne prennent pas les mêmes décisions car leur réactivité émotionnelle est différente. Mais pourquoi donc ? Tout simplement parce que nous ne sommes pas des robots et que chacun est doté d'une émotivité complexe qui lui est propre. En considérant les extrêmes, l'émotivité peut être très impulsive ou freinée par l'éducation. Selon son degré d'éveil, l'émotion aide l'individu à avancer, le laisse piétiner ou, pire, le fait régresser.

Antonio Damasio, médecin neurologue et chercheur américain, spécialiste international des émotions, affirme que nos jugements intellectuels et moraux sont déterminés par nos émotions et que nos sentiments naissent de la prise de conscience de certaines émotions. En un mot, que les émotions précèdent la raison et que les deux sont interdépendantes. Lorsque les circonstances provoquent une réaction émotionnelle très intense, rares sont ceux qui parviennent à garder le contrôle. Alors les natures émotionnelles profondes se manifestent, et c'est surtout l'inné qui se révèle.

L'émotion, ciment de notre construction

On dit que l'expérience forge le caractère. Précisons que ce sont surtout les émotions vécues au cours des expériences accumulées qui contribuent à la construction de la personnalité. Quand le vécu est douloureux, on parle d'épreuves. Confrontés à une même épreuve, deux individus réagissent et évoluent différemment. Inconsciemment, les émotions profondes deviennent maîtres du jeu et du devenir, comme le montre l'exemple suivant. Deux frères perdirent leur mère à l'âge de 12 et de 14 ans. Ils furent élevés par leur père qui bientôt se remaria. Vingt ans plus tard, l'aîné est marié, père d'un tout jeune bébé. Il positive sur l'avenir de l'enfant. Le second est célibataire, souffreteux. Il se plaint de maux divers, entretient un fort sentiment d'injustice et garde une sévère rancune contre la vie. Dès la naissance, l'un et l'autre ne possédaient pas les mêmes aptitudes psychiques. « Petits, ils n'avaient pas le même caractère, précise leur père. Étonnamment, au décès de leur mère, le plus indolent a réagi avec combativité, et celui qui paraissait le plus volontaire s'est effondré. »

Une pyramide à quatre degrés

La construction de l'individu se fait dans le cadre d'une structure à quatre niveaux :
– le moi profond que constituent l'inné et le devenir ;
– la famille qui développe l'affect, forme le caractère, inculque préceptes et valeurs ;
– la société dans laquelle l'individu doit s'intégrer, recevant des compléments d'initiation et affrontant des difficultés ;
– l'individu lui-même qui se construit dans la symbiose de l'inné et de l'acquis.

Pourquoi les comportements se modifient-ils ainsi, même chez de jeunes individus ? On dit qu'à 7 ans, la personnalité est largement déterminée et l'éducation parentale terminée. Le préadolescent ajoute à ses acquis génétiques des valeurs éducatives et morales, de quoi affiner une émotivité qui lui était déjà très personnelle.

Tout ce que l'individu possède d'inné et tout ce qu'il acquiert au cours de sa vie s'inscrit dans son corps comme sur une bande enregistrée, images et sons. Par exemple, lors d'un accident, le choc survient, avec son cortège de douleurs et d'émotions. Le temps passe, on croit avoir oublié, mais il suffit d'un stress similaire pour reconnecter présent et passé et réveiller les anciennes peurs, car le film de l'événement passé était resté en mémoire, bien archivé. Une de mes patientes avait eu un accident de vélo. Un chien avait déboulé devant ses roues, elle avait freiné trop brusquement, bloquant les roues du vélo et basculant en avant sur la chaussée. Au même moment, elle avait entendu le bruit d'un camion qui arrivait derrière elle. Ne sachant pas où elle avait été déportée, elle avait eu très peur de se faire écraser. Mais le camion était passé loin d'elle. Bilan : fracture de la mâchoire et entorse cervicale. Je l'ai soignée beaucoup plus tard pour des maux de tête persistants. Elle n'avait pas imaginé que ces douleurs pouvaient être liées, en plus des facteurs mécaniques, à la mémoire de ses vertèbres cervicales. En revanche, elle me confia que lorsque, en vélo, elle entendait un camion arriver, elle se tétanisait au point de se laisser tomber dans le fossé. La peur avait laissé plus d'empreinte que la douleur.

Le corps est doué de mémoire

Nous le savons, le corps conserve entre autres la mémoire des chocs, qu'ils soient physiques ou émotionnels. Les chocs physiques sont directs. Ils font mal et font réagir le corps par la douleur immédiate qu'ils occasionnent. Le cerveau enregistre en même temps la souffrance du corps et l'émotion. Tout s'inscrit dans notre inconscient psychique et physique :

– la génétique : diabète, allergies, psoriasis, asthme, maladies auto-immunes ;

– la vie fœtale : carence, infection, malformation, contrainte mécanique *in utero*…;

– les vaccinations. Certaines peuvent déclencher des réactions allergiques chez les personnes sensibles ;

– les infections contractées durant la vie, nombreuses ;

– les traumatismes physiques : chutes, fractures, entorses, interventions chirurgicales, accidents ;

– les traumatismes psycho-émotionnels. Ils sont liés à la famille, à l'éducation, aux amis, aux partenaires (divorce, séparation, agression, etc.) ;

– les traumatismes sociaux : chômage, insécurité, problèmes socioprofessionnels ;

– les pollutions, mauvais régimes alimentaires, etc.

Immanquablement, les chocs laissent des marques. Les chocs émotionnels négatifs, tels que la peur, la tension, le stress, la frustration, la colère, la revendication, la culpabilisation, transitent par le cerveau qui répercute l'information là où il peut et les organes sont un excellent réceptacle. C'est l'histoire de la « patate chaude » : elle brûle, et celui qui la tient se dépêche de la refiler à son voisin. C'est ce que fait le cerveau avec ses voisins, les organes. Les émotions qui se jouent dans le registre de l'excès, du trop ou du pas assez, viennent frapper nos organes. Selon la force du choc, nos défenses peuvent tenir, être ébranlées ou carrément tomber.

Certaines blessures sont visibles, d'autres moins

L'inconscient peut mémoriser un accident en deux millièmes de seconde. Lors d'un tel événement, il y a les blessures que l'on voit, que l'on palpe et que l'on soigne, mais il y a aussi la peur dont on ne maîtrise pas l'itinéraire, du cerveau à l'organe. Elle fait son chemin, imprégnant l'inconscient des moindres petits souvenirs ambiants : l'odeur, le bruit, le mouvement, l'agitation, ou l'immobilité, le silence cotonneux et pesant. Suite à un accident, l'organisme peut développer une infection urinaire ou pulmonaire récidivante.

À la longue, celle-ci peut entraîner une fragilité de l'organe concerné qui deviendra plus réceptif aux stress à venir.

La main peut ressentir les tensions physiques et émotionnelles

Une personne exercée peut trouver l'élément physique défaillant d'un individu malade par contact manuel. Elle laisse aller sa main sur le corps avec une pression équivalente au poids de la main. Celle-ci va immanquablement être attirée en direction de la zone à problème. L'attraction mécanique des tissus aimante la main. Pour le ressenti émotionnel, la main doit avoir un contact extrêmement léger, à la limite de la perte de contact. Posée sur le crâne, elle va également réagir comme un aimant à l'endroit où le cerveau stocke ses plus grosses tensions émotionnelles. Le métier d'ostéopathe est empirique. C'est pourquoi il nous faut multiplier les expériences scientifiques objectives pour être certain de ne pas s'engager sur une mauvaise voie.

L'organe a de la mémoire. Il stocke les émotions, prêt à les matérialiser, lors d'un nouveau stress, sous la forme d'une maladie. « Tant qu'il sera mortel, l'homme ne sera jamais totalement décontracté », a déclaré Woody Allen avec son humour anxiogène coutumier. Il est vrai que nous cachons toujours au fond de nous des peurs refoulées. Les hommes ont oublié leurs peurs ancestrales qui, au temps du néolithique, les maintenaient vigilants face aux agressions de la nature : la peur du feu, de l'orage, des animaux sauvages, de la mort. Ils en ont rencontré d'autres qui, avec la complexité et la sophistication des mœurs, sont devenues plus insidieuses.

Que pensent nos organes ?

Nos organes se mettraient-ils à penser ? Alors que devient notre cerveau ? Pas d'inquiétude, il est toujours le maître de la pensée. Mais les organes entretiennent d'étroites relations avec lui grâce à des connexions nerveuses et hormonales. En cas de stress important, le cerveau renvoie le trop-plein vers les organes qui impriment aussitôt l'émotion dans leurs fibres. Le phénomène déclenche la somatisation. Ce peut être une crise de foie, un mal de tête, des vomissements, une diarrhée ou une constipation, etc. Stress et somatisation sont concomitants. Cerveau et organes réagissent de concert. Mieux, il s'établit dans le corps humain un cycle permanent « émotion-organe-comportement-organe ».

Une émotion atteint-elle toujours un organe ?

Il est intéressant de considérer la définition de l'« émotion » donnée par un dictionnaire médical : « Réaction psychique intense ou douloureuse qui influe puissamment sur de nombreux organes. » La médecine confirme donc que l'émotion a toujours une résonance sur les organes.

Un organe influe-t-il sur le comportement ?

Le dysfonctionnement d'un organe grippe le métabolisme général et nous fatigue. Cette méforme modifie nos énergies, notre sensibilité, notre susceptibilité, des traits de notre caractère inné. Chaque individu possède un potentiel global d'énergie mais aussi un organe plus réactif ou plus sensible que les autres, son fameux « maillon faible ». À la moindre défaillance, un système d'adaptation se met en action et utilise tous les moyens dont il dispose pour revenir à l'équilibre. Si les défaillances de l'organe se répètent, elles fatiguent de plus en plus l'organisme et ont des effets néfastes aggravés sur le comportement. Un exemple simple… Vous dînez au restaurant et vous mangez un plat qui, quelques heures plus tard, vous donne des aigreurs et des douleurs d'estomac. Le lendemain matin au réveil, vous n'êtes pas très bien, le teint et le cœur brouillés. Vous ne vous sentez pas reposé, mais plutôt tendu. Au bureau, un de vos collaborateurs avance une remarque sur un dossier que vous êtes en train de terminer. À la grande surprise de vos collègues de travail, vous vous emportez de manière exagérée et irrationnelle. Supposez maintenant qu'un de vos organes soit surmené ou défaillant chronique. Votre comportement sera alors perturbé de façon durable.

En retour, le comportement influe-t-il sur l'organe ?

Imaginons que vous soyez par exemple en demande excessive d'affection et de reconnaissance, trait de caractère qui « va droit au cœur ». C'est comme si votre cœur était toujours aux aguets, à la recherche des marques d'affection de votre entourage. C'est tellement fort qu'il réagit à la moindre émotion. Vous le sollicitez en permanence, autant au niveau émotionnel que physique. Trop stimulé, il devient très sensible et développe par exemple des anomalies de rythme, des spasmes des artères coronaires. En effet, les comportements influent sur les organes. Bien entendu, à cette affirmation, d'aucuns peuvent rétorquer qu'il existe à l'origine un facteur inné, une sensibilité de fond, mais cela ne change rien à l'équation comportement-organe.

« La souffrance psychique peut provoquer une réelle souffrance physique, souvent prise à tort pour un infarctus. Sous le choc, le muscle cardiaque se spasme, provoquant une contraction douloureuse dans la poitrine, un engorgement des poumons avec respiration difficile et des élancements dans les bras. » Les Anglo-Saxons appellent ça le syndrome du « cœur brisé », causé par un stress affectif et lié à un déversement d'adrénaline et de noradrénaline dans le sang. Cela peut être mortel quand le sujet a déjà une pathologie cardiaque. En revanche, chez des sujets sains, les symptômes disparaissent en quelques jours.

New England Journal of Medecine

Psychique et physique, même combat !

La réciprocité est évidente : en soignant le psychique, on agit sur le physique. En soignant le physique, on agit sur le psychique. L'important est de savoir discerner qui des deux est le véritable responsable du dysfonctionnement. Le cerveau est également un organe qui a ses troubles physiologiques. À l'heure actuelle, nous savons que certaines maladies psychiques ne sont pas uniquement dues à des troubles psychologiques, comme on le pensait, mais sont le résultat de troubles chimiques et hormonaux (voir p. 39).

Quand ça ne marche plus du côté de nos organes, on s'étonne. Et pourtant, très souvent, il y a une explication logique. Les dysfonctionnements sont les expressions corporelles des tensions qui nous habitent. Comme dans le cas d'une voiture. Un matin, vous faites tourner la clé de contact et le moteur ne répond plus. Vous pestez contre votre véhicule. Mais réfléchissez : n'avez-vous pas omis de faire la dernière visite de contrôle ? Vous êtes-vous soucié des petits bruits étranges que votre voiture faisait au démarrage depuis quelque temps ? Que de négligences ! Il était évident qu'un jour ou l'autre, vous vous retrouveriez en panne ! Il en est de même pour votre corps qui, ne l'oublions pas, est une précieuse mécanique. Prenons un exemple. Vous êtes soudainement bloqué par un lumbago. Êtes-vous certain de ne pas avoir éprouvé quelques signes avant-coureurs ? Une légère douleur musculaire dans le dos au réveil ? Ah oui, et même une autre aussi, deux jours avant, en soulevant un sac pesant. En effet, vous dites-vous, j'aurais dû faire attention. Puis vous vous rappelez être tombé sur le coccyx il y a quelques années. Vous ne vous en étiez pas préoccupé et pourtant vous aviez eu un dérangement intestinal durant la nuit et le lendemain matin vous aviez eu du mal à vous lever, éprouvant une extrême raideur de la colonne vertébrale qui, bien entendu (mais vous ne vous en doutiez pas), a mémorisé le choc. C'était prendre des risques pour l'avenir que de ne pas prêter attention à ces tout premiers symptômes.

Un potentiel fragile

Nul n'est indemne. Nous l'avons vu, chacun a son maillon faible, ses fragilités. Nous avons tous un potentiel de pathologie transmis par nos ancêtres ou façonné par notre qualité de vie. À la mémoire génétique s'ajoutent les habitudes familiales (la « malbouffe » en est une), les habitudes personnelles (tabagisme) que le corps enregistre, la mémoire traumatique et la mémoire émotionnelle. Tout cela, réuni et accumulé au cours d'une vie, fait beaucoup de raisons d'ébranler le fonctionnement d'un être humain. Le développement d'une maladie, qu'elle soit psychique ou physique, se fait dans la durée. La maladie prend tout son temps pour s'organiser et se déclarer brutalement. Nous sommes plus réceptifs aux microbes et aux virus lorsque nous sommes fatigués, asthéniques, contrariés. Pourquoi seulement 15 % d'une population développent-ils la grippe lors d'une épidémie ? Parce que ces 15 % présentent un terrain favorable : faiblesse pulmonaire, faiblesse de l'âge, faiblesse psychologique, faiblesse nutritionnelle, manque d'exercice physique... Petites fatigues, coups de froid, moments de découragement sont autant de symptômes à ne pas négliger avant d'affronter l'hiver. Bien entendu, d'autres facteurs moins connus concourent à installer une pathologie. Mais il est indiscutable qu'une bonne hygiène de vie et une bonne surveillance physiologique sont indispensables à notre équilibre de santé.

La vie est-elle un extravagant hasard ?

Imaginons notre conception. À l'origine, notre chance d'exister n'est-elle pas infime ? Dans sa vie génitale, la femme produit environ 400 000 ovules. À l'instant de la conception, l'homme émet environ 80 millions de spermatozoïdes et l'ovule de ce fabuleux jour n'en retient qu'un. Une rencontre extraordinaire, celle d'un ovule et d'un spermatozoïde, tous deux dotés d'une mémoire génétique unique qui est la base de notre construction personnelle en tant qu'individu. Être en vie est une chance unique. Ce capital qui nous a été donné doit faire l'objet de tous nos soins.

Le trop ou le pas assez

L'organisme est doté d'un système nerveux à deux vitesses : l'accélérateur et le ralentisseur (le système sympathique et le système parasympathique). L'accélérateur intensifie les réactions des organes alors que le ralentisseur les bloque, si bien qu'un organe peut réagir à un stress de manière tout à fait contradictoire. Ce principe du « trop » ou du « pas assez » s'applique de façon visible aux différents comportements. Imaginez que vous vous promenez en groupe dans la forêt et qu'un serpent vous surprenne en travers du chemin. Vous n'allez pas tous réagir identiquement devant ce danger précis. Les uns vont rester paralysés de peur, les autres vont prendre la fuite et laisser le danger derrière eux. Quelques rares vont affronter le danger, chasser le serpent ou le tuer. Un événement de même nature peut déclencher des réactions émotionnelles individuelles tout à fait opposées. Nous avons tous connu le trac de l'examen. Ce type de stress se répercute souvent sur les intestins.

Mais pour les uns ce sera la colique et pour les autres, à l'opposé, ce sera la constipation. Victimes du trac, vous avez le choix entre débordement ou rétention !

Généralement la personne « trop » ou la personne « pas assez » a tendance, par nature, à réagir toujours dans le même registre. Mais parfois, face à un stress d'une autre vigueur ou d'un autre caractère, pour l'une ou pour l'autre, la tendance peut s'inverser. Ce sont les paradoxes de l'humain ! Il est important de retenir que s'il y a stress, il y a inévitablement réaction au stress, réaction qui se répercute sur le comportement et par résonance sur les organes.

Les déséquilibres organiques qui se font dans les extrêmes entraînent immanquablement des troubles du comportement de même ampleur. La peur qui déclenche diarrhée ou constipation peut également être à l'origine, au niveau comportemental, d'une logorrhée ou d'un mutisme. Il y a ceux qui s'expriment et ceux qui se taisent, ceux qui sont colériques et ceux qui sont réservés. Des natures aussi différentes font présager de ce que seront les réactions de leurs organes : débordement ou blocage.

La dépression, l'extrême du trop ou du pas assez

La dépression illustre le phénomène du trop ou du pas assez : la personne réagit ou trop intensément ou trop par rapport aux stress qu'elle reçoit. La dépression peut être aussi induite par un gène familial. Il peut s'agir également d'un déséquilibre chimique au niveau du cerveau : la réaction de compensation qui permettrait de revenir à l'équilibre est contrariée ou empêchée. Alors qu'on avait longtemps affirmé que seul le psychique était responsable de la dépression, on a tendance à penser désormais que la chimie du cerveau peut être un élément déclencheur :

déséquilibre des neurotransmetteurs, manque de vitamines, pH trop acide… Il existe également des facteurs mécaniques influant sur la dépression, car le crâne bouge. Lorsque des dépressions surviennent après des traumatismes crâniens, les ostéopathes ont la possibilité d'intervenir en agissant par manipulations sur les articulations de la boîte crânienne. Savez-vous que les os du crâne présentent une mobilité sous l'influence de son contenu, un mouvement global infime que l'on peut mettre à l'épreuve en portant par exemple un chapeau trop serré ? Ce mouvement se compose d'une infime dilatation et rétraction de l'ordre d'une cinquantaine de microns. Le crâne effectue environ 10 000 mouvements par jour. Cinquante microns, c'est peu, mais une main expérimentée les détecte : en effleurant une surface peinte, nous pouvons ressentir une couche de peinture qui ne fait que quatre microns d'épaisseur. Nos sens ont des capacités exceptionnelles qui, si on les travaille, révèlent leurs talents. Les goûteurs de vin, les nez en parfumerie ou les musiciens qui possèdent l'oreille absolue le prouvent. Il en est de même pour le toucher. Privé de sa liberté de mouvement, le crâne peut être à l'origine d'une perte de vitalité générale de l'organisme. On observe en effet que les personnes déprimées ont très peu de mouvements crâniens. Certaines techniques d'ostéopathie relancent les mouvements crâniens, apportant un bien-être à tout l'organisme.

Votre corps parle, écoutez-le

Le corps possède un langage avec lequel nous ne sommes pas tout à fait familiarisés. Les générations précédentes n'ont pas appris à l'écouter. Au contraire, ce corps, on le cachait : si quelque chose n'allait pas, il ne fallait pas s'écouter mais « guérir le mal par le mal », et si les choses empiraient, il fallait s'en remettre à la science sans poser de questions. Parce que notre éducation nous a longtemps tenus dans l'ignorance du corps, nous sommes restés éloignés de cette compréhension intime qu'est son langage. Lorsque tout va bien, le corps montre tout naturellement un équilibre de santé, par la vivacité physique et le rayonnement de la personnalité. Mais comme la beauté de la rose, cette harmonie est fragile. Nous l'avons vu, dès la petite enfance, le corps est sujet à des agressions dont les plus communes sont les maladies infantiles ou les traumatismes physiques dus à la position fœtale et à l'accouchement. Et cela continue à l'adolescence, avec son acné et ses peines de cœur. Petits soucis physiques ou psychiques que nous oublions mais qui laissent forcément leur empreinte.

Lorsque les problèmes sont plus aigus, les résonances sont de plus grande amplitude. Et le corps crie sa douleur ou sa révolte. Sans que nous sachions pourquoi, les mots deviennent des maux. Alors ce corps, écoutez-le. Mais attention ! Soyez attentifs sans trop vous écouter. Prenez soin de vous, mais sans tomber dans l'excès et l'hypocondrie maniaque.

La vie n'est pas toujours un long fleuve tranquille...

Certains cachent leur anxiété, d'autres compensent leurs déséquilibres. Mais combien de temps pouvons-nous maintenir des apparences trompeuses ? Il arrive toujours un moment, un événement, où les masques tombent. Et la vraie nature se montre sous son vrai jour. Rien n'est tout blanc, rien n'est tout noir, rien n'est figé. Nous nous transformons physiquement, notre esprit évolue, notre caractère change et nos organes sensibles – nos « maillons faibles » – ne sont pas toujours les mêmes au cours de notre vie. Il est donc important de se construire, et pour bien se construire, il est important de bien se connaître. Jean de La Fontaine l'a écrit : « Bien se connaître est le premier des soins. »

« Ne négligeons rien de ce que dit notre corps » est un principe qui devrait faire partie de notre éducation, dès le plus jeune âge. Apprendre à vivre avec son corps et ses émotions sans peur, ni répression, ni négligence. En donnant à notre capital santé sa juste importance. Notre corps est notre propriété, nous avons le devoir de l'entretenir. Comme le paysan qui surveille l'état de ses cultures et l'avancement des floraisons, nous pouvons veiller à notre équilibre de santé physique et à notre épanouissement psychique. Chaque lopin de terre a ses petits défauts. Nous aussi. Nous ne sommes pas là pour en juger, nous sommes là pour mieux comprendre et nous adapter.

Une résistance variable

Lorsqu'un avion entre dans une zone de perturbations atmosphériques, les passagers sont secoués et souvent impressionnés. Notre vie traverse également des moments perturbés qui nous secouent et s'inscrivent en négatif sur la bande enregistrée de notre cerveau (notre boîte noire). Si les épreuves s'accumulent sans que pointe l'espoir d'une accalmie, nous sommes en danger. Inévitablement, une succession de perturbations morales nous fragilise. Nous finissons par craquer. Les sportifs aventuriers qui se lancent dans de grands défis comme le Vendée Globe Challenge pour les marins, la course autour du monde en ballon pour les aérostiers ou la conquête des plus hauts sommets sans oxygène pour les alpinistes, le savent. Avaries, avalanches, tempêtes, froid, gelures, coupures, solitude, fatigue, manque de sommeil sont autant de facteurs de découragement qui, accumulés, mènent à la « grosse déprime ».

Au quotidien, il n'est pas nécessaire d'être un héros pour connaître la spirale infernale de la surcharge émotionnelle. Quand tout va mal, à un moment donné (mais vous ne savez pas lequel, cela dépend de votre coefficient de résistance), il suffit d'un embarras ou d'une contrariété pour que vous flanchiez. Votre journée a été harassante, vous avez rencontré problèmes et contrariétés, et pas une âme secourable pour vous soutenir. Vous rentrez chez vous dans l'espoir de vous relaxer. Vous savez que vous trouverez le réconfort auprès de votre famille. Vous envisagez un week-end de ski et vous

vous réconfortez à l'idée de préparer votre matériel pour le lendemain. Manque de chance, vous ne parvenez pas à mettre la main sur la clé de la cave où sont entreposés skis et chaussures. Vous voyant extrêmement tendu, femme et enfants tentent de vous aider à trouver la clé. Leur bonne volonté vous échappe. L'agitation qui se crée autour de vous ne fait qu'accroître votre énervement (mais *a priori* l'inertie aurait certainement eu le même effet). Vous vous mettez en colère et c'est le clash. Tout un drame pour un petit problème banal qui, de toute façon, aurait trouvé une solution. Mais c'était le « tout petit surplus » que votre système nerveux ne pouvait supporter.

Comprendre sans avoir peur

Cet ouvrage va vous aider à vous familiariser sans appréhension avec les subtilités de nos fonctionnements, et comme nous l'avons vu précédemment, comprendre la relation qui s'établit entre les émotions et les organes. Chaque organe révèle un éventail d'émotions et de comportements qui le caractérisent. Pour chacun, je brosserai le portrait type de la personne « organe », qu'elle soit foie, intestin, vésicule, etc. Bien entendu, une même personne ne présente jamais de façon concomitante tous les symptômes physiques ou psychiques liés à l'organe concerné. Chaque organe a une spécificité émotionnelle qui le rend original, mais il n'est pas le détenteur unique d'une catégorie d'émotions et de comportements. L'organe peut réagir dans le registre du « trop » ou du « pas assez ». Ainsi une émotion affectant l'intestin par une constipation ou une débâcle diarrhéique. En étudiant des centaines de personnes souffrant du même organe, j'ai pu déceler chez elles une tendance commune à recevoir certains types d'émotions ou à les susciter. L'analyse d'une émotion n'est pas une science exacte. Nous sommes loin des schémas mathématiques. Il est impossible de faire entrer une personne dans un cadre émotionnel rigide. Parfois, nous sommes surpris par nos propres émotions. Ce livre peut vous aider à déceler les symptômes avant-coureurs de dysfonctionnements qui pourraient devenir plus graves si vous n'y prêtez pas attention : si votre organe vous fait un petit signe, prenez soin de lui et par la même occasion de vous ! Apprenez à rechercher la source. Parmi toutes les connexions que recèle votre corps, faites la part entre le physique et le moral.

Soigner un problème émotionnel en traitant un organe

Prenons le cas d'un licenciement professionnel qui déclenche des maux d'estomac. Voici ce qui se passe. Le cerveau reçoit un message négatif. Pour s'en débarrasser, il le renvoie à l'estomac. Cette somatisation entraîne douleurs et crampes. En retour, le cerveau reçoit simultanément deux messages négatifs qu'il devra traiter : 1) je suis licencié, donc pas à la hauteur de ma tâche ; 2) mon estomac me fait mal, donc je suis malade. Ces deux informations se connectent et se conjuguent dans une aire cérébrale particulière et occasionnent des phénomènes dépressifs. Soigner en premier lieu l'estomac équivaut à éliminer le conflit que l'individu gérait avec son organe. Le cerveau perçoit alors un élément positif et l'individu libéré de la douleur est plus apte à régler son problème de licenciement.

Avoir mal à l'estomac de manière récurrente crée de l'anxiété, la peur d'être fragilisé et d'avoir une maladie plus grave. Dans l'inconscient point la menace d'un cancer. Nous avons tous tendance à imaginer le pire. Ce processus n'est pas fait pour encourager quiconque à s'adapter et à résoudre un conflit professionnel. Aider un organe à mieux fonctionner contribue à aider la personne à mieux se sentir dans sa peau.

Soigner un organe en traitant un problème émotionnel

Parfois, l'organe est sourd aux traitements allopathiques ou alternatifs. La difficulté s'avère être fondamentalement psychologique. Un suivi spécifique est alors indispensable. Le praticien est en mesure d'orienter le patient vers un psychothérapeute qui l'aidera à comprendre où se trouve la source de son malaise physique. En apprenant à mieux vous connaître, vous pouvez explorer les méandres de votre psychisme et de ses répercussions somatiques. C'est ce que nous allons essayer de découvrir tout au long de cet ouvrage :

– qui, de l'organe ou de l'émotion, est à l'origine du problème ?

– auquel faut-il donner une priorité d'attention ?

À chaque organe est attachée une hygiène physique, alimentaire et comportementale indispensable à la santé, qui sera expliquée.

La personne « organe »

Nous l'avons vu, chaque organe est lié à des émotions. Le dysfonctionnement d'un organe peut déstabiliser et modifier un comportement psychologique. De même, les chocs émotionnels peuvent entraîner le dysfonctionnement d'un

Et si on enlève un organe ?

En enlevant un organe, enlève-t-on les émotions qui lui sont liées ? La question peut paraître saugrenue à plus d'un titre. Et pourtant, elle est digne d'intérêt. Un organe est connecté au cerveau par un système nerveux, parfois hormonal, complexe. Cerveau et organe sont en relation permanente. Enlever un organe n'enlève pas la représentation cérébrale de l'organe. La personne qui a subi l'ablation sera toujours à même de somatiser en prenant pour cible un autre organe. Si la vésicule a été enlevée, l'estomac va prendre le relais et somatiser en réagissant aux émotions. De toute façon, les influx négatifs doivent toujours trouver à s'exprimer et à s'évacuer. Nous avons vu que 100 000 km de nerfs parcourent le corps et sont reliés à la moelle épinière et au cerveau. Grâce à eux, le cerveau est au courant de tout ce qui se passe dans le corps. Comment percevons-nous l'ablation d'un organe par acte chirurgical et comment notre organisme le perçoit-il ? Comme un service rendu à notre santé puisque l'organe nous mettait en danger. Mais la question se pose de savoir pourquoi cet organe a rencontré un problème majeur qui a exigé l'opération. Pourquoi, par exemple, la vésicule biliaire qui a été enlevée produisait-elle des calculs ? Pour la personne opérée, il est utile de trouver une réponse à cette question. La chirurgie a résolu la conséquence (ce qui est déjà bien) mais n'a pas trouvé la cause. La science décortique le corps au scalpel. La chirurgie est hyperspécialisée. Mais le fonctionnement du corps, de la tête aux pieds, est un tout, un enchaînement de mécanismes associés qui vibrent ensemble. Le corps réagit à chaque agression et demande toujours des explications. Les réponses profondes ne sont pas toujours à l'endroit du corps qui a ressenti la douleur.

organe. Il est donc important de repérer pour chaque organe les malaises psycho-émotionnels associés à un trouble qu'il déclenche. Chacun des portraits décrits dans ce livre est empirique (fondé sur l'expérience) et réunit tous les traits de caractère qui peuvent se modifier en cas de dysfonctionnement de l'organe. Tous ces signes ne sont pas forcément réunis chez une même personne. Le trouble physique amélioré, la personne reprend plus ou moins sa stabilité comportementale. Elle conservera cependant les tendances liées à son « maillon faible » qui se renforceront si l'organe rencontre à nouveau un problème.

Prenons l'exemple d'une personne qui a du mal à se définir et à se trouver. Elle correspond à un type psycho-émotionnel « foie ». Si le foie, qui est son maillon faible, se met à fonctionner moins bien, la tendance psychologique liée à cet organe va inévitablement s'accentuer. Épisodiquement, nous avons tous un peu de chaque tendance en nous. Parfois nous sommes surpris par nos propres comportements. Ne vous est-il jamais arrivé de faire preuve d'un caractère généreux et, soudain, sans raison apparente, de vous montrer mesquin pour des broutilles ? Ce type de revirement n'est pas un hasard. Il correspond à des tensions psychologiques et à des dysfonctionnements viscéraux momentanés concernant notamment l'intestin.

Ce livre n'a pas été écrit pour porter des jugements sur soi et sur les autres. Il constate et établit des relations de cause à effet. Il nous aide à mieux comprendre le fonctionnement global « corps-esprit », que ce soit le nôtre ou celui d'un proche. La personne qui souffre, par exemple, de l'estomac sera mieux armée pour comprendre « sa crise » et trouver les bonnes réponses. Ceux qui l'entourent vont aussi bénéficier de cette compréhension. Connaître les mécanismes et les modifications de nos comportements en relation avec une dysfonction viscérale nous permet de mieux aborder nos problèmes.

Il est temps maintenant de faire connaissance avec la « tête pensante » de notre corps : le cerveau.

Deuxième partie

Ce que pensent vos organes

Le cerveau, le grand patron

C'est un monument d'ingéniosité reconnaissable par son architecture complexe qui présente une similitude étonnante avec un cerneau de noix. En chiffres, il pèse 1,3 kg, ce qui représente 2 % du poids du corps ; il consomme 20 % de l'oxygène du corps, utilise 60 % des glucides chez l'adulte et 75 % chez le nourrisson.

Son fonctionnement

Il paraît être en perpétuel devenir. Il s'est développé avec l'évolution du règne animal. Le cerveau primaire des tout premiers hommes était celui de l'instinct et des émotions. Il s'est ensuite entouré de matière grise pensante, capable de parler, de raisonner, de maîtriser des données et de résoudre des problèmes de plus en plus complexes au fil de l'évolution humaine. Les résultats d'études très récentes démontrent qu'à 21 ans, le cerveau n'est pas « fini » : les connexions entre neurones se développent encore. C'est dire que le cerveau est loin d'avoir livré tous ses secrets. Encore plus fabuleux, nous ne sentons pas le poids de notre cerveau ! En avons-nous conscience ? Non, et pourtant c'est ainsi. En effet, il est maintenu en suspension dans le crâne par le liquide céphalo-rachidien dans lequel il baigne et par un phénomène de pression crânienne qui le protège ; son poids est ainsi ramené de 1,3 kg à 40 g.

C'est lui qui dirige le grand concert de nos émotions. Il est le réceptacle de tout ce qui se passe en nous et à l'extérieur de nous. Il règle notre vie émotionnelle, relationnelle, métabolique, hormonale et nerveuse. Il orchestre et harmonise les grandes fonctions du corps, comme la digestion, la coordination des mouvements, la vie sexuelle. Il stocke et trie les informations qu'il reçoit et, rappelez-vous, il pourrait en recevoir 10 milliards par seconde ! Il pense, donc construit des idées, des rêves, des théories, des thèses...

Il mémorise et quelle mémoire ! Il peut conserver toute une vie le souvenir d'une odeur, d'une couleur, d'un geste, d'un regard, d'une parole, d'une impression... Théoriquement, c'est lui qui décide du passage à l'acte. Mais il arrive aussi que le cerveau soit court-circuité par le système nerveux du corps, qui peut s'activer plus vite que la pensée, ou par des réactions émotionnelles qui échappent à la volonté (l'inconscient).

☐ **Instinct et raison**

Tout acte raisonné transite par le cerveau. Mais face à un danger, l'instinct parle et nous fait réagir sans l'intervention du cerveau. Vous vous promenez à pied sur une petite route de campagne. Juste devant vous, une voiture rate un virage et se renverse dans le fossé. L'instinct de conservation peut vous inciter à fuir le lieu de l'accident car vous paniquez à l'idée d'un incendie, d'une explosion ou de voir des blessés. Mais, progressivement, la raison reprend le dessus et vous vous reprenez. Vous vous approchez de la voiture dans l'intention de porter secours.

Quand c'est tant mieux. Il vous arrive souvent de traverser une route. Ce jour-là, comme beaucoup d'autres, tout vous semble parfait. Rien à gauche, rien à droite. Vous allez traverser et regardez maintenant droit devant vous. Votre cerveau a émis ses ordres et déclenché le départ. Soudain, instinctivement, vous faites un bond en arrière et c'est seulement à ce moment-là que vous voyez un cycliste qui vous frôle. Il était sur le point de vous renverser. Ce sont vos capteurs sensoriels qui vous ont donné l'alerte. Un léger bruit, un mouvement imperceptible, une présence ou une image confuse, des signaux non perçus quelques secondes auparavant, ont éveillé chez vous l'intuition d'un danger imminent. D'instinct, le système nerveux vous a sauvé. Ce n'est qu'après qu'il informe le cerveau. Dans un tel instant de réflexe de survie, 100 millions d'informations affluent en même temps au cerveau.

Quand c'est tant pis. Lors d'un incendie, on assiste parfois à des « scènes catastrophe », des réactions de panique incontrôlées : des habitants d'un immeuble en feu préfèrent se jeter par la fenêtre plutôt que d'attendre les secours. Et la plupart du temps ça se passe très mal. Il aurait été préférable qu'ils parviennent à se raisonner plutôt que de céder à la panique. Imaginons des circonstances moins dramatiques. Vous êtes invité à un dîner mais ce soir-là vous n'êtes pas en forme. Las et éprouvé par votre journée. Votre voisin de droite tente de lier conversation mais vous répondez évasivement sans vous attarder et vous gardez le nez dans votre assiette. De façon évidente, vous ne faites rien pour vous montrer plus avenant. Votre fatigue aidant, il a suffi d'un détail pour que cette personne vous rebute et vous enlève toute velléité de faire un effort et d'avoir quelques égards. Peut-être que quelque chose dans sa physionomie ou son comportement vous a rappelé une autre personne déplaisante. Dans ce cas, votre mémoire émotive et affective a supplanté votre cerveau, habituellement décideur dans ses actes de grand patron. Il s'est laissé déborder ! Dommage, vous êtes peut-être passé à côté d'une rencontre. En d'autres circonstances, avec moins de fatigue, moins de bruit, moins d'agacement, vous auriez pu trouver de l'intérêt à ce voisin de table.

☐ Cerveau gauche, cerveau droit : théoriquement, chacun ses fonctions

• Le cerveau gauche est spécialisé dans le langage (chez les droitiers), le calcul, la logique, le rationnel, les réactions positives et agréables comme la joie ou le rire.

• Le cerveau droit est spécialisé dans l'audition de la musique, la créativité artistique, l'intuition, l'imagination, l'orientation spatiale.

Il enregistre les émotions qui ont marqué profondément notre vie et il faut admettre que le plus souvent, ce ne sont pas les plus agréables. Tristesse, mélancolie, regret, remords, frustration, peur, sont de son ressort. Tout en négatif ! De ce fait, il joue un rôle important dans la manifestation des symptômes dépressifs.

C'est en grande partie dans la zone pariétale du cerveau droit que se fixent les émotions fortes, celles-là même qui marquent une vie. Cependant, toutes les parties du corps humain sont interdépendantes. Dans le cerveau plus particulièrement, tout est connecté : au total 100 millions de milliards de connexions.

Les scanners à photons et à positons mettent notamment en évidence que cette zone pariétale droite conserve la mémoire du passé émotionnel. Ce n'est pas la seule mais c'est la plus réceptive. Quinze ans avant ces scanners, ma main avait ressenti et déterminé cette zone pariétale droite chez de nombreux patients. C'est une réelle satisfaction de constater que ces perceptions se vérifient. La confirmation officielle de la sensibilité de la main par l'imagerie médicale est décisive pour faire progresser le diagnostic et le traitement manuel. Lorsqu'une personne présente des risques de dépression, certains ostéopathes sont aptes à déterminer manuellement la partie cérébrale qui est en cause en touchant le crâne et en détectant les zones hyperthermiques.

☐ **La mémoire : un sacré système**

Avant de se fixer dans la zone pariétale droite, la mémoire des émotions passe par le système limbique, partie la plus primitive de notre cerveau, constituée d'un ensemble de petites zones situées dans ses couches profondes. Ce système traite et contrôle les émotions et les comportements qui en découlent. Car n'oublions pas que l'émotion et l'instinct ont précédé la pensée. Un chien de chasse élevé dans un appartement retrouve vite son instinct de chasseur s'il est lâché dans la campagne. Sa mémoire ancestrale et génétique ne lui fera pas défaut. Il reviendra naturellement aux comportements qui sont à l'origine ceux de sa race.

Émotion, instinct, quelle différence ?

L'émotion est une réaction psychologique rapide et intense, agréable ou désagréable, qui agit essentiellement sur les organes.

L'instinct correspond à une action adaptée d'une espèce pour assurer sa survie et sa continuité. Ce peut être aussi, dans le langage courant, une manière d'agir impulsivement, sans réfléchir.

Le système limbique, c'est le cerveau émotionnel. Il peut réagir avant que n'intervienne le cerveau cognitif qui, lui, gouverne la raison. Cette distinction s'illustre parfaitement avec les exemples évoqués plus haut : la personne qui traverse la rue ou celle qui saute par la fenêtre. Dans ce système :

– l'amygdale contrôle la peur qui est présente dans toute situation de danger ou ressentie comme telle. Elle gère l'instinct de survie. Elle reçoit les informations émotionnelles et suscite des réponses immédiates et non maîtrisées telles que souffle coupé, sueur froide, panique, fuite, combat, etc. ;

– l'hippocampe est maître de l'apprentissage. Il gère la mémoire courte (celle du passé immédiat) ;

– le thalamus est le relais sensitif incontournable dans la communication entre organes, corps et cerveau.

Quand il ne fonctionne pas bien

Le système limbique est l'ordonnateur de nombreuses fonctions telles que la respiration, les battements cardiaques, la libido, l'appétit, le sommeil, la stimulation hormonale…

Il semble détenir les commandes d'une grande partie de l'équilibre physiologique du corps. Mais il est aussi à l'origine de dérangements d'ordre psychique comme les attaques d'anxiété ou de panique. C'est fréquent chez des personnes dont l'émotivité a été déjà sollicitée à l'excès ou qui ont naturellement un seuil de réactivité très bas. Cela me rappelle une de mes patientes, veuve depuis peu, et donc dans une phase de sensibilité émotionnelle exacerbée. Elle rentre chez elle à la tombée de la nuit. Elle croise un groupe de jeunes qui rient et parlent fort. Elle hâte le pas. Les jeunes ne la suivent pas et pourtant lorsqu'elle arrive devant sa porte et veut mettre la clé dans la serrure, elle est prise de panique. Elle sent sa poitrine se serrer comme dans un étau, son cœur battre à toute allure, ses mains trembler et ses jambes se dérober. Un voisin qui passe à ce moment-là s'aperçoit qu'elle est en grande difficulté. La dame se tient au mur, a du mal à respirer et parvient seulement à murmurer : « Vite, une ambulance ! » Il pense immédiatement à une attaque cardiaque et appelle les pompiers qui la transportent en urgence à l'hôpital. Diagnostic : ce n'était pas une crise cardiaque même si cela en avait tout l'air. C'était une crise de panique. L'écho viscéral des émotions ! En fait, le système limbique avait pris le pouvoir sur la raison chez cette personne déjà très affectée par la perte de son mari.

☐ Système limbique et organes : une liaison intime

Lorsque notre état émotionnel est à vif, nous perdons notre *self-control*, donc notre faculté de raisonner. C'est alors et sans délai que notre corps subit les retentissements de ces trop fortes émotions. Nos organes réagissent les premiers car ils sont en relation intime avec le système limbique. La liaison se fait par l'intermédiaire du thalamus. Réflexes viscéraux et comportements instinctifs prennent alors le contrôle. Ces réactions immédiates sont souvent aiguës : coup à l'estomac, douleur abdominale, vomissement, tachycardie, crampe, diarrhée...

☐ Syncope : on débranche...

Lorsque l'émotion nous submerge, qu'elle devient intolérable, le cerveau émotionnel a une parade sans faille : il débranche. Court-circuit total. Plus de douleur, plus d'émotion, plus d'agitation. C'est la syncope. En d'autres termes, on « tombe dans les pommes ». Le cerveau suit le même processus lorsqu'il doit lutter contre une douleur physique intolérable. Mais la syncope n'est qu'une solution à très court terme : lorsque la personne revient à elle, les problèmes sont toujours présents, peut-être juste un peu moins vifs. Une partie du trop-plein a pu parfois s'échapper.

☐ ... mais notre corps a tout enregistré

Les réactions primaires guidées par le système limbique s'inscrivent immanquablement dans la mémoire des organes. Le mal a été étouffé, enfoui au plus profond du corps. Il reste latent et des rebondissements ultérieurs sont toujours à craindre. Les symptômes sont moins aigus et moins spectaculaires mais ils peuvent être plus sérieux : crise d'asthme, ulcère d'estomac, eczéma, psoriasis, colite, cystite. Des maladies peuvent également se fixer sur le maillon faible de l'organisme et se déclencher à retardement. Victime d'un stress important, vous pouvez par exemple développer une recto-colite hémorragique qui était jusqu'alors restée muette mais était cependant inscrite dans vos gènes. Parfois, plus grave encore, un stress important peut être un facteur déclenchant de cancer. Le système immunologique est très dépendant des zones émotionnelles. Un stress durable et puissant peut mettre à mal les défenses immunitaires et générer ou réveiller des maladies sérieuses.

Comment se déroule la relation cerveau-organe ?

Lorsque survient le stress, le cerveau reçoit le message de manière plus ou moins consciente : les informations peuvent aller directement dans certains centres émotionnels sans que la conscience en soit avertie. C'est souvent le cas dans la peur, où le corps va réagir instantanément sans l'aide de notre volonté : vous donnez brutalement un coup de volant à gauche et vous vous apercevez qu'effectivement, vous avez évité un trou dans la chaussée ou un animal. Il réagit en envoyant des messages nerveux, chimiques et hormonaux à l'organisme. Parfois c'est musculaire (tétanie ou tremblement) mais ce sont presque toujours les organes qui en sont la cible. Les organes réagissent à leur tour et renvoient des messages nerveux, chimiques ou hormonaux au cerveau. Ces messages sont instantanés ou différés. Par exemple, le pancréas produit plus d'insuline, le cœur se met à battre plus vite (tachycardie) ou sur un rythme désordonné (arythmie). À terme, la personne peut déclarer une tachycardie ou une arythmie récurrente. La mémorisation viscérale fait son chemin : les cellules de l'organe visé enregistrent les messages puis les renvoient au cerveau de manière immédiate ou différée. Ces messages renforcent le déséquilibre émotionnel du cerveau. On peut donc dire que l'organe exerce une résonance émotionnelle.

Indirectement, les organes pensent !

Il se fabrique un subtil mélange entre les symptômes de dysfonctionnement viscéral et l'état émotionnel. Parmi toutes les informations qu'il reçoit à l'instant du stress, le cerveau ne fait pas toujours le distinguo entre ce qui est physique et ce qui est psychique. Cela met en évidence le fait qu'un organe peut également être à l'origine d'un problème comportemental ou émotionnel. Comme dans le cas de Stéphanie, qui est en train de divorcer. Cela se passe mal avec son conjoint. De son côté, elle regrette sincèrement d'être obligée de divorcer et vit mal la situation. Pour elle, c'est un constat d'échec, une construction qui s'écroule, une vie à deux non aboutie alors qu'elle aurait tant voulu que ce soit pour la vie. « On s'entendait si bien », dit-elle. La nuit, elle souffre d'insomnies peuplées de regrets et remords. Elle ressasse : « J'aurais dû…, il n'aurait pas dû…, nous aurions dû… ». Ses nuits sont épuisantes. Elle a l'impression d'avoir le cœur broyé et le cerveau qui se tord. « Ma tête va éclater », se plaint-elle. Au petit matin, elle souffre de crampes vers l'estomac, légèrement à sa droite. Elle apprendra plus tard qu'il s'agit du duodénum. Ses douleurs sont de plus en plus fréquentes et vives. Le cerveau, qui assume depuis plusieurs semaines le stress du divorce, en a déchargé une partie sur le duodénum, provoquant irritations et inflammations insupportables. En retour, le duodénum bombarde d'informations douloureuses le cerveau, perturbant le sommeil.

Durant la journée, Stéphanie ressent parfois cette douleur abdominale qui la renvoie aussitôt à sa souffrance morale. Une véritable partie de ping-pong se joue entre le cerveau et le duodénum. Douleurs morales et physiques s'entremêlent au point que le cerveau n'arrive plus à les différencier. L'un renforce l'autre et inversement. On peut dire que le duodénum vit aussi le divorce.

Émotions masculines, émotions féminines ?

Les hommes et les femmes ne sont pas émotionnellement identiques. Ils sont différents et complémentaires. Il est reconnu que les femmes sont plus sujettes que les hommes à la dépression. Les hormones (œstrogènes et progestérone) fabriquées sous contrôle de l'hypophyse et de l'hypothalamus joueraient un rôle très important. On en veut pour preuve les changements d'humeur des femmes en fonction de la phase de leur cycle ou en période de ménopause. Comme il est reconnu que les hommes sont plus susceptibles de passages à l'acte violents, à cause de la testostérone.

Par ailleurs, culturellement, l'homme subit les influences d'une éducation ancestrale qui faisait dire il n'y a pas si longtemps encore aux jeunes garçons : « Tu ne dois pas pleurer, tu n'es pas une fille ! » De telles injonctions sont aussi fortement ancrées dans la mémoire que les petits traumatismes physiques le sont dans le corps. Ce n'est plus le système limbique qui enregistre mais le cortex cérébral qui est la partie du cerveau de l'acquis, de la raison et du contrôle des émotions. Donc du sérieux, bien implanté dans la tête !

Les expériences avec le scanner à photons

Le scanner à photons est un appareil doté de caméras extrêmement sensibles qui permettent de voir l'activité circulatoire cérébrale. Avec Gail Wetzler et Alain Croibier, ostéopathes, dans les laboratoires du Dr Amen à Orange County, près de Los Angeles, j'ai réalisé des observations sur dix patients présentant des pathologies physiques et psycho-émotionnelles complexes. Des publications sont prévues pour 2006. Le protocole était le suivant :

– nous injections un produit très légèrement radioactif dans une veine et observions la circulation cérébrale ;

– ensuite, nous intervenions avec nos techniques d'ostéopathes auprès de chaque patient. Après avoir accompli des manipulations viscérales sur les organes sensibles, nous observions les différences obtenues au niveau de l'activité cérébrale.

Les expériences ont été largement concluantes. Dans tous les cas, le cerveau a réagi aux manipulations viscérales, palpations et traitements du corps. Les répercussions dans les sphères limbiques ont pu être enregistrées par le scanner. Nous avons pu vérifier que le cerveau ne fait pas toujours la différence entre ce qui est émotionnel et ce qui est physique. La barrière entre le corps et le cerveau, entre le physique et l'émotionnel semble très floue. C'est clair, corps et tête fonctionnent ensemble. Les expériences ont mis en évidence que soigner le corps a des répercussions sur le fonctionnement psycho-émotionnel.

Comment en prendre soin

☐ Sur le plan physique

Pour avoir un cerveau en bon état de fonctionnement : respirez, soyez actif, faites de l'exercice physique et mental, lisez, calculez, mémorisez, allez au théâtre, au cinéma, faites partie d'associations. Ne vous isolez surtout pas. De plus en plus, les statistiques montrent qu'une personne pratiquant une activité physique a moins de risque de développer la maladie d'Alzheimer. L'exercice physique augmenterait la circulation sanguine et permettrait aux cellules de mieux s'oxygéner et d'être plus stimulées. D'autres facteurs chimiques et hormonaux activés par le mouvement joueraient également un rôle.

☐ Sur le plan alimentaire

Veillez à votre alimentation, ne négligez pas les sucres lents. Le cerveau est le plus gros consommateur de sucre du corps. Les sportifs, qui en consomment beaucoup pour le bon rendement de leur organisme et de leurs muscles, ne savent pas toujours que les sucres lents sont aussi nécessaires au cerveau. Ils sont bons pour le corps et bons pour la tête.

☐ Sur le plan psychologique

Soignez votre psychisme : le yoga, la relaxation ou la pensée positive sont autant d'exercices mentaux bénéfiques, dans la mesure où ils sont guidés par des personnes compétentes. Il est utile d'apprendre à apprivoiser ses émotions sans les bloquer ni les détourner, afin de conserver le plaisir de vivre et d'être actif. Si « ça ne tourne pas rond dans votre tête », n'hésitez pas à avoir recours à des thérapeutes : homéopathes, acupuncteurs, ostéopathes, sophrologues (voir p. 293), qui vont pouvoir vous aider à harmoniser les relations entre votre cerveau et vos organes ou *vice versa*. Si vraiment vous ne parvenez pas à maîtriser le problème, consultez alors un psychothérapeute ou un psychiatre.

Il n'y a pas d'esprit sain sans un corps sain. On le dit depuis longtemps : « *Mens sana in corpore sano* », un esprit sain dans un corps sain. Mais il n'y a également pas de corps sain sans un esprit sain. Un événement douloureux n'est jamais oublié. Le problème est de l'accepter, de le faire entrer dans notre vie comme en faisant partie, et de savoir comment l'intégrer dans notre évolution. Lorsque nous perdons l'un de nos proches, la blessure ne s'efface jamais. Même si elle s'estompe, elle est enracinée dans nos fibres pour toujours. Nous sommes dans l'obligation de faire un constat : « Je suis toujours vivant, la vie continue, il me faut accepter cette mort pour retrouver équilibre et harmonie. » Alors pourquoi ne pas s'employer à perpétuer la pensée et les actes de la personne qui nous a quittés ? Agir en sa mémoire, en hommage à ses valeurs. Faire revivre ses bonnes perceptions dans les petites choses courantes de la vie. Par exemple, « il ou elle appréciait les paysages de mer ou de montagne, alors je les regarde avec deux fois plus de plaisir ou d'intensité ».

Les poumons et les bronches, de grands airs ou l'air de rien

Les poumons sont si précieux qu'ils sont enveloppés par la plèvre et totalement protégés par la cage thoracique. C'est l'organe du souffle. On parle souvent du « souffle de la vie ». Ce souffle, on l'entend. Il nous inspire la tendre image d'une maman qui se penche sur le berceau pour entendre le souffle de son enfant. Le rythme respiratoire est de 14 inspirations-expirations par minute, soit environ 600 millions de fois dans une vie. Les poumons sont, avec l'alimentation, notre carburant, à l'origine de l'énergie vitale.

À bon escient, on recommande souvent de prendre de « grands bols d'air ». En effet, notre santé dépend de la qualité de l'air respiré. L'air arrive aux poumons par les bronches, alimente en oxygène le sang qui passe dans l'artère pulmonaire et ressort à l'expiration chargé du gaz carbonique néfaste à l'organisme. Les poumons et les bronches sont, avec le nez et la trachée, les premiers remparts contre les agressions extérieures de l'air telles que la pollution.

Leur fonctionnement

☐ De l'eau à l'air

Dans sa vie utérine et à l'instant de la naissance, les poumons du bébé sont pleins d'eau. C'est seulement lorsque le cordon ombilical est coupé qu'ils se remplissent d'air. À ce moment-là, l'enfant crie. Il débute sa vie de terrien et commence pour lui le cycle réflexe « inspiration-expiration ». C'est le début de l'aventure ! Cette transformation du poumon qui du « plein d'eau » passe au « plein d'air » expliquerait la correspondance établie entre le poumon et la peur d'étouffer ou de se noyer.

☐ Le rôle de la plèvre

Les feuillets de la plèvre protègent de très près les poumons. Quelques millimètres seulement les séparent. Entre les deux, une fine couche de vide permet aux poumons de se mouvoir sans frottement. Dans notre corps, tous les organes sont en mouvements perpétuels de va-et-vient. Comme les pièces d'un moteur, les organes nécessitent un lubrifiant pour éviter tout échauffement. Sans lubrifiant entre plèvre et poumons, la plèvre serait irritée et produirait un excès de liquide pleural qui stagnerait et comprimerait gravement les poumons. L'acte respiratoire demanderait beaucoup trop d'énergie, au point de mettre la personne en danger d'asphyxie.

Comme pour le cœur, les parois de la plèvre doivent être parfaitement lisses à l'intérieur comme à l'extérieur. Les deux feuillets qui la composent sont lisses comme de la céramique si bien que les glissements de l'un sur l'autre se font sans heurt, ce pour une respiration aisée qui ne demande que très peu d'énergie. Imaginez une savonnette glissant sur du marbre légèrement mouillé. Entre les deux feuillets de la plèvre, la pression est négative afin de maintenir les poumons dilatés et d'aider le cœur à aspirer le sang veineux. Pour que la plèvre puisse rester fonctionnelle de façon optimale, elle doit se préserver des fumées, de la poussière, du charbon, de certaines substances chimiques comme l'amiante, de toutes les substances polluantes en général, ainsi que des traumatismes physiques de la colonne vertébrale et des côtes, qui peuvent la sensibiliser.

☐ Ne respire-t-on que de l'oxygène ?

Nous pensons tous qu'en respirant, nous n'inhalons que de l'oxygène. C'est faux. En fait, nous inhalons 79 % d'azote et 21 % d'oxygène avec de la vapeur d'eau et quelques gaz rares comme l'hélium. En revanche, l'oxygène est indispensable à toutes les cellules de l'organisme et les 21 % absorbés sont totalement utilisés.

☐ Nos poumons, une communication extérieure

Chaque jour, nous expirons et inspirons environ 21 000 fois et 9 000 litres d'air entrent et sortent quotidiennement de nos poumons. Plus que la contenance d'une citerne ! C'est le bulbe cérébral, situé juste au-dessus de la moelle épinière, qui orchestre le cycle respiratoire en actionnant le diaphragme. La contraction de ce muscle permet la modification du volume du thorax lors de l'inspiration et de l'expiration. Le mouvement de la respiration est automatique, mais notre cerveau peut exercer sa volonté. Si nous n'avons aucun pouvoir de contrôle direct sur notre cœur, nous pouvons parfaitement maîtriser notre respiration. En la matière, les yogis et les plongeurs en apnée sont les êtres les plus exceptionnels, aguerris au point de pouvoir retenir leur respiration durant plus de cinq minutes, ce qui est inconcevable pour l'individu lambda que nous sommes. Cependant, nous pouvons nous exercer aux techniques de respiration, de relaxation et de yoga qui aident à relâcher les tensions du corps et de l'esprit (voir p. 302).

Pour mieux respirer

• Couchez-vous sur le dos, jambes fléchies, bras légèrement écartés, paumes de la main tournées vers le haut. Mettez un coussin très léger sur votre ventre, inspirez en faisant bouger le coussin vers le haut et soufflez en rentrant le ventre, le coussin accompagnant le mouvement.
• Au début, faites des petits mouvements respiratoires assez rapides, pour finir avec des mouvements lents et de grande amplitude. 2 minutes par jour.
• Toujours couché sur le dos, dans la même position, essayez de plaquer point par point tout votre corps sur le sol en partant de la tête jusqu'aux pieds. Vous devez sentir l'appui et la chaleur de votre corps sur le sol. Insistez plus particulièrement sur la nuque et le bassin qui ont tendance à résister. Pratiquez cet exercice une fois par semaine, à vingt reprises.

La teneur en gaz carbonique du sang modifie la respiration. Une augmentation anormale du gaz carbonique dans le sang peut entraîner l'asphyxie. Poumons et reins sont les éléments clés de l'homéostasie (équilibre interne du corps). Ensemble, ils régulent l'acidité du corps, le fameux pH. C'est comme dans une piscine : si le pH est mal dosé, rien ne va plus, l'eau se trouble, les algues envahissent le fond, les filtres se bouchent. Trop de CO_2 perturbe les grandes fonctions du corps et notamment son acidité, le pH. Il en résulte des dysfonctionnements. Les reins se bloquent, le cœur bat trop vite, les muscles se tétanisent. Rien ne va plus !

Les poumons protègent également notre corps des agents pathogènes. Ils sont l'antichambre de l'immunité. Les poumons reçoivent de la moitié droite du cœur un sang veineux rouge foncé, pauvre en oxygène et riche en gaz carbonique, et restituent à la moitié gauche du cœur le même sang de couleur rouge carmin, débarrassé de son gaz carbonique et enrichi en oxygène.

☐ Les bronches, un réseau d'échange

Leurs multiples ramifications, des bronchioles aux alvéoles pulmonaires (nous en avons près de 300 millions), permettent la circulation de l'air dans les poumons. Elles produisent un litre de sécrétions par jour destiné à les humidifier et à évacuer les impuretés, et qui se déverse directement dans le tube digestif. C'est pourquoi nous ne nous en apercevons pas, à moins d'être enrhumés ou encombrés. En ce cas, nous rejetons le surplus de sécrétions en toussant et en crachant. Les bronches sont recouvertes de petits cils qui charrient sécrétions et impuretés. Un tapis roulant pour les déchets de l'air. Toutes les pollutions passent par là et en particulier le tabac.

Quand ils fonctionnent moins bien

Avant de parler des dysfonctionnements des bronches et des poumons, nous devons évoquer leur pire ennemi.

☐ **Le tabac : ennemi n° 1**

C'est marqué en gros et gras sur les paquets de cigarettes, et c'est vrai. Le tabac nous met en danger de mort. Il s'attaque tout d'abord au système respiratoire puisque la fumée s'achemine par les conduits respiratoires. Le tabac augmente les sécrétions bronchiques mais surtout, il anesthésie les cils qui tapissent les bronches. Dépourvues de leur tapis roulant, ces dernières ne peuvent plus assumer leur fonction de transport des déchets. Les sécrétions vont stagner et s'infecter. Conséquence pas très heureuse : le fumeur se met à cracher jaune. C'est un mauvais signe, mais ce n'est pas fini. Petit à petit, le diamètre des bronches se réduit. Dans les poumons, la pression augmente. L'air ne trouve plus son passage aisément, la respiration est rendue difficile. Ça siffle ! Le sang ne peut plus être oxygéné normalement et tout l'organisme en pâtit. À l'heure actuelle, les pneumologues pensent que les fumeurs ont 40 fois plus de risque de développer un cancer que les non-fumeurs.

À propos du tabagisme passif

Il est un élément dont on tient peu compte, dans une pièce enfumée. C'est que les fumeurs passifs ne sont pas à égalité. Le poids joue un rôle déterminant : plus vous êtes léger, plus votre organisme est intoxiqué. Prenons l'exemple d'une personne de 70 kilos et d'un bébé de 3 kilos, le facteur d'intoxication est au minimum 23 fois plus important pour le bébé.

Le fumeur passif absorberait environ la moitié de la fumée rejetée par les fumeurs. Prenez-en conscience. Surtout ne laissez jamais des bébés et des enfants dans un lieu où l'on fume !

☐ La respiration devient difficile

Quand le système respiratoire fonctionne moins bien, la première sanction est la difficulté à respirer normalement. Inspirations et expirations sont parfois bruyantes. Fatigue, manque de dynamisme, mal de dos au niveau des omoplates accompagnent l'insuffisance respiratoire. Des sursauts d'agressivité intempestifs peuvent s'expliquer par un excès de gaz carbonique dans le sang. À l'effort, l'individu s'essouffle. Son cœur bat plus vite et le pouls est rapide. Il prend facilement un point de côté. Une sueur excessive peut être également signe d'un malaise respiratoire. On note alors que la peau est moins rose, changement de couleur particulièrement remarquable sous les ongles qui deviennent gris bleuté. Attention, si vous vous mettez à tousser d'une manière inhabituelle (toux irritatives, toux grasses répétitives), consultez votre médecin. La personne qui respire mal force son corps et adopte de mauvaises postures.

☐ La respiration devient bruyante

Pour les besoins d'une construction, nous avions fait appel à un cabinet d'architectes et avions eu de nombreuses réunions avec les différents collaborateurs qui travaillaient à ce projet. Parmi eux, un dessinateur industriel se tenait toujours en retrait et montrait plus un comportement d'exécutant que de créatif affirmant ses idées. Et pourtant, ses rares commentaires, bien qu'exprimés avec peine et de façon hachée, étaient pleins de bon sens et agrémentaient toujours la construction de petits plus. Accoudé sur sa table à dessin, il semblait s'appuyer fortement à chaque inspiration. Il respirait bruyamment et se montrait gêné. Lorsqu'il nous arrivait d'être seuls tous les deux, il m'exposait plus librement ses conceptions et parlait avec plus de fluidité. Je ressentais chez lui une envie constante de s'effacer malgré la qualité de son travail. Plus tard, il est venu me consulter et m'a parlé longuement de lui. Il avait eu une tuberculose à l'âge de 15 ans et depuis, souffrait d'une insuffisance respiratoire. Ce mal récurrent avait induit son comportement respiratoire et son attitude au travail. « C'est terrible, m'a-t-il confié. En réunion, quand tout le monde se tait, le seul bruit qu'on entend est celui de ma respiration. Dans ces moments-là, je voudrais disparaître de la salle. C'est difficile d'imposer ses problèmes physiologiques à toute une assistance. » Il se sentait enfermé dans une cage, sa cage thoracique ! Après quelques séances de rééducation et de positionnement respiratoires avec un kinésithérapeute, cet homme a appris comment se tenir pour respirer plus efficacement et avec plus de facilité et de liberté.

☐ Les émotions perturbent le rythme respiratoire

Nous avons tous éprouvé à un moment de notre vie une émotion qui nous a fait haleter ou nous a coupé le souffle. Des réactions commandées par le cerveau émotionnel, plus particulièrement par le thalamus et le système limbique. Mais nous sommes en mesure d'agir sur notre respiration pour la rétablir dans son rythme normal : en respirer profondément, en expirant lentement, en nous concentrant sur le va-et-vient de notre cage thoracique pour calmer notre souffle. En revanche, il est beaucoup plus difficile d'intervenir dans l'urgence sur un rythme cardiaque qui s'affole. Il faut immédiatement contacter un médecin.

La personne « poumons-bronches »

Nous pouvons cacher certains dysfonctionnements d'organe. Mais c'est plus difficile quand il s'agit des poumons.

Un problème respiratoire se décèle facilement. Il se voit à la manière de se tenir, à la coloration de la peau, à la sudation. Il s'entend au bruit que fait la respiration. Elle est rauque, sifflante, laborieuse.

☐ **Dans le trop ou le pas assez**

La personne « poumon » se comporte souvent de façon paradoxale. Passant du trop au pas assez, elle bouscule les notions classiques d'un caractère équilibré. Normal, le déséquilibre est en elle, puisque le « ventilateur » ne tourne pas toujours rond !

Dans le « pas assez » : la personne « poumon » fait preuve d'un comportement timide, discret, presque craintif. Elle marche d'un pas lent, les épaules rentrées. Elle est loin d'avoir un mental et une attitude de gagneur. Elle y ajoute un sentiment d'enfermement et de nombreuses inhibitions. Elle a peur de déranger et a tendance à se mettre en retrait. Elle peut bien faire mais son manque de confiance l'entrave dans ses intentions. Alors elle se réalise dans ses rêves. Elle est de nature claustrophobe, agoraphobe, hypocondriaque... Les phobies sont son lot quotidien. Une personne « poumon » qui a des problèmes respiratoires réduit plus encore son espace vital.

Dans le « trop » : la personne « poumon » se tient très droite. Elle occupe souvent son territoire à l'excès, au point d'empêcher les autres de s'exprimer et de s'épanouir à son contact. Elle veut régner en maître et supporte mal les contradictions. Elle se lance des défis pour s'imposer plus encore aux autres. Et pourtant il n'est pas rare qu'elle transgresse sa vraie nature. Après tout, l'autorité n'est peut-être pas son fort ! Dans la vie courante, elle clame son indépendance et bizarrement montre un net besoin de soutien affectif. Derrière la vigueur et la dominance affichée, on peut deviner une certaine faiblesse.

André, dirigeant d'une petite entreprise, a des crises d'asthme cycliques. Quand il respire bien, il gère ses employés avec dynamisme, prend des initiatives constructives et ne doute jamais du bien-fondé de ses décisions. En période de crise, il baisse les bras et devient pessimiste. Son adjoint prend le relais et gère l'entreprise. André s'en remet à lui et se laisse guider. Dans ces moments-là, il aurait même tendance à freiner le développement de l'entreprise. Il passe ainsi de l'attitude du lion à celle de la souris. Il en est conscient, la maladie a souvent raison de sa volonté.

Qu'elle agisse dans le « trop » ou le « pas assez », la personne « poumon » est confrontée aux mêmes difficultés, comme nous allons le voir maintenant.

☐ La mauvaise gestion de son territoire

Chacun doit trouver sa place et occuper naturellement son espace, par rapport à lui-même et aux autres. En théorie, cette démarche n'implique aucunement le désir de dominer ou d'agresser pour empiéter sur le territoire d'autrui ! Ne pas occuper naturellement son espace subjectif, c'est prendre le risque de se laisser envahir par les autres et, surtout, de ne pas se donner le loisir d'épanouir sa propre personnalité.

☐ Le manque de confiance en soi

Nous ne sommes jamais totalement et perpétuellement confiants en nous. Nous avons tous des hauts et des bas. Mais un manque de confiance récurrent est néfaste au développement de la personnalité. Le plus souvent, les difficultés rencontrées pour occuper son territoire sont liées à un manque d'assurance. Les problèmes respiratoires représentent une dépense d'énergie telle que la personne en difficulté n'a plus la force d'oser. Elle perd confiance. L'attitude est beaucoup plus accusée si la personne a reçu une éducation marquée par des messages négatifs, réels ou supposés, du type : « Ne fais pas ça, tu n'y arriveras jamais » ou « Éloigne-toi, ici ce n'est pas ta place ».

☐ **La peur d'être dominé et la domination**

La personne « poumon » montre une certaine admiration à l'endroit de ceux qui la dominent. Paradoxalement, elle est terrorisée à l'idée d'être phagocytée, sous l'emprise d'une tierce personne ou d'un groupe. Dominée, elle a l'impression d'étouffer ! C'est un vrai dilemme pour une personne qui ne parvient pas toujours à trouver sa place et à protéger son territoire. « La nature a horreur du vide » : l'espace que nous laissons libre sera vite occupé par un autre ! Parfois, à l'inverse, la personne « poumon » peut être dominante. La poitrine en avant, elle montre qu'elle « a du coffre », impose ses points de vue et ses idées avec force. Cependant, on a parfois l'impression qu'il suffirait d'un petit rien pour que la poitrine se dégonfle et que la personne perde ses grands airs.

☐ **La crainte de l'affrontement**

La personne « poumon » se sent mal à l'aise lorsqu'elle doit affronter des personnes difficiles ou des situations conflictuelles. Elle a tendance à esquiver ou à se défausser. Parfois, cependant, il lui arrive de s'opposer à quelqu'un ou de chercher à régler un problème impossible, mais c'est souvent pour des causes futiles ou perdues. Comme Jean-

Claude, sujet à des insuffisances respiratoires. Les crises sont épisodiques mais le fatiguent et l'entravent dans ses agissements. Chaque année, il doit choisir le lieu de ses prochaines vacances avec sa femme. Rituellement, ils ne sont pas d'accord et s'affrontent. Lui, compte tenu de son problème respiratoire, n'aime pas la chaleur et l'humidité alors que sa femme rêve de plage et de palmiers sous les tropiques. « J'ai remarqué que lorsque je suis en forme, je défends mon point de vue, mais quand je respire mal, je reste passif. Tiens, par exemple, cette année, nous irons à Djerba, ce n'est tout de même pas l'idéal pour moi ! » conclut-il.

☐ Le repli sur soi

C'est ce qui arrive quand on occupe mal son espace, qu'on se laisse dominer, qu'on évite l'affrontement et qu'on reste passif. À force de vivre des situations qui mettent mal à l'aise, on se replie sur soi. C'est le syndrome de l'escargot. On rentre dans sa coquille ! On se façonne un tout petit abri dans lequel on se sent protégé.

☐ La peur de gêner

Cette attitude découle des précédentes. La personne « poumon », en difficulté respiratoire ou fragile, est de nature timorée. Il est cependant difficile d'apprécier si cette réserve est uniquement induite par la mauvaise fonction respiratoire où si d'autres facteurs entrent en jeu comme l'éducation ou le caractère inné.

☐ La dépendance

La personne « poumon » a besoin de s'appuyer sur une personne forte, ou le paraissant, pour se rassurer. Elle s'en sert comme d'un tuteur, d'un guide, d'un stimulateur. Elle « manque de souffle » et par conséquent d'énergie pour aller seule de l'avant. C'est le cas de François, qui souffre de bronchite chronique. Lorsqu'il est en crise, il a le souffle court et s'épuise très vite. Rien que le fait de faire les courses est alors un problème. « Lorsque je me sens mal, c'est plus fort que moi, il faut que j'appelle ma sœur. Elle me rassure, me secoue un peu et me redonne du courage. Quand je vais bien, c'est rare qu'elle m'entende, reconnaît-il. Elle ne se formalise pas, c'est notre façon de fonctionner. » Sa sœur est en fait la seule personne qui lui permet de se sentir plus fort. Il faut savoir que la fonction respiratoire subit toutes les variations climatiques : le froid, la chaleur, l'humidité, l'altitude. C'est une épreuve pour la personne fragile, mais aussi pour son entourage, qui devient également tributaire de ces conditions.

☐ Le manque d'autorité

L'autorité s'exerce naturellement ou par le biais de la fonction occupée, ou encore par les deux conjugués. La personne « poumon » qui a de réels problèmes respiratoires ou un terrain sensible voudrait faire preuve d'autorité mais elle ne possède pas toujours les moyens de l'exercer. Il est vrai que les comportements évoqués précédemment n'aident pas à s'imposer. C'est le « manque de coffre » !

☐ La claustrophobie et son contraire

Pour une personne qui a tendance à vouloir se replier sur soi, cette phobie semble contradictoire. En fait, c'est l'un des paradoxes de la personne « poumon ». Parce qu'elle respire mal et se sent mal, elle se renferme. Mais une fois dans sa coquille, elle ressent le besoin de grands espaces où il lui semble qu'elle puiserait tout l'air nécessaire à une bonne respiration. L'enfermement entretient sa détresse respiratoire. Un patient me confiait : « Quand je ne suis pas très bien, je voudrais être dans une petite cabane située dans un immense espace, mais surtout que la porte soit ouverte. » Cette réflexion illustre parfaitement le paradoxe de la personne « poumon » qui veut s'ouvrir et se fermer à la fois.

Avec l'eau, c'est un peu comme avec l'air. La personne « poumon » éprouve à la fois attirance et peur. Avoir peur de l'eau, c'est avoir peur de manquer d'air ! Antoine, amoureux de la mer et excellent nageur, a été atteint par une petite tuberculose à l'âge de 25 ans. Depuis il a peur de l'eau et n'ose plus nager en mer sur de longues distances, comme il le faisait auparavant.

☐ La peur d'étouffer et de se noyer

Elle pourrait être en relation avec ce que nous avons écrit sur le fonctionnement des poumons et des bronches. Dans la vie utérine, les poumons du bébé sont pleins d'eau et, au moment de la naissance, ils se remplissent d'air. Si ce passage se fait mal lors de l'accouchement, le bébé doit ressentir la peur d'étouffer. Plus tard, cette personne souffrira dans chaque situation où l'air risque de lui manquer, en nageant, en plongeant, en étant serré dans des vêtements ou par une personne, et par tout ce qui peut la contraindre et l'oppresser.

☐ L'agressivité et l'hostilité

Nous l'avons évoqué en début de chapitre, l'excès de gaz carbonique dans le sang rend involontairement agressif. La sensation de ne pas respirer parfaitement bien provoque la même réaction comportementale. Cette agressivité peut se manifester verbalement mais aussi physiquement. Marc est un jeune homme asthmatique et sympathique. Mais lorsqu'il traverse une crise prononcée d'asthme, il peut révéler un comportement violent qui ne lui ressemble pas. Il a frappé d'un coup de poing un jeune kinésithérapeute chargé de sa rééducation respiratoire sans raison apparente. La pulsion était en rapport avec son mal-être et le sentiment d'injustice et d'impuissance qu'il lui arrive d'éprouver face à ceux qui respirent normalement, comme ce praticien, jeune et en pleine forme. Un sentiment hostile qui vient de loin, du fin fond de sa carcasse !

☐ La serviabilité

Si elle a des sautes d'humeur agressives, la personne « poumon » peut aussi se montrer serviable, dévouée et généreuse. Il faut qu'elle soit en forme. C'est une façon de remercier ceux sur lesquels elle a pu s'appuyer lorsqu'elle ne se sentait pas bien et attendait du réconfort.

☐ Le besoin d'affection

« J'ai besoin de l'affection des autres. Il faut que je l'obtienne quitte à dramatiser un peu mes difficultés respiratoires aux yeux de mon entourage », tel était l'aveu de Jérémie. Son comportement ne peut pas être qualifié de chantage affectif si on tient compte de sa maladie respiratoire réelle, mais tout de même, cela s'en approche fortement. Le handicap physique implique souvent un plus grand besoin de chaleur, de présence affective, de compréhension. La personne « poumon » a tendance à se plaindre pour se faire chouchouter et forcer l'affection des autres. C'est une attitude un peu infantile mais qui marche à tous les coups ! La preuve, sans parler des adultes, les enfants s'en servent fréquemment. Grondez un enfant, il va parfois chercher à vous impressionner en toussant de façon excessive, faisant croire qu'il risque de s'étouffer !

☐ Les sentiments contenus

Comme nous l'avons souligné, le thorax est un coffre qui renferme de précieux trésors : le cœur et les poumons. Un coffre a pour vocation principale d'être fermé. La personne « poumon » fonctionne comme un coffre. Chez elle, les non-dits sont légion. Si elle parle d'amour, c'est avec les yeux, pas souvent avec des mots ou en déclamant des poèmes. « Les mots doux, il faut aller les chercher au tire-bouchon ! » me disait le mari d'une asthmatique.

☐ La rigidité

La personne « poumon » se montre parfois paradoxale : psychorigide au sein de sa famille, cercle intime dans lequel elle évolue sans crainte, elle peut devenir malléable à l'extérieur, dans un cadre professionnel ou social. C'est une personne pleine de principes qu'elle essaie de transmettre à ceux qui l'entourent. Les barreaux de la cage dans laquelle elle s'enferme sont souvent très rigides !

☐ Les peurs de l'enfance toujours présentes

Elles ont servi à nous construire. Elles subsistent dans notre inconscient et ressurgissent lors de situations particulières de stress. La personne « poumon » les fait revivre assez régulièrement et les évoque même comme des compagnes du quotidien en disant par exemple : « C'est ridicule d'avoir peur du noir ou des fantômes, mais je n'y peux rien. » Mireille sort d'une crise d'asthme très sévère qui l'a mise à plat. En évoquant les moments difficiles de sa crise, elle dit s'être souvenue des parties de cache-cache de son enfance : « J'étais toujours morte de peur que quelqu'un me trouve et me surprenne. Je fermais les yeux pour ne pas voir arriver le danger que je pressentais imminent. Maintenant encore, lorsque j'ai mes crises d'asthme, je ressens parfois la même chose. »

☐ Du fatalisme à la révolte

Pour un asthmatique, la première fatalité à accepter c'est la crise. Elle arrive sans prévenir, il faut l'affronter et attendre que ça passe. Il finit souvent par se résigner. Mais il lui arrive aussi de se révolter contre une si grande injustice : avoir du mal à respirer. Les exclamations du genre « Ça devait arriver » ou « Il n'y a rien à faire » sont monnaie courante dans la vie quotidienne, chez la personne « poumon ».

☐ Un imaginaire riche

Quoi de mieux que l'imaginaire pour échapper à la réalité ? Plus les contraintes sont pesantes, plus l'imagination est féconde. À partir d'une simple carte postale, une personne « poumon » peut décrire Hawaï ou vivre une aventure aux Galapagos.

Comment en prendre soin

☐ Sur le plan physique

Comment ne pas manquer d'air ? Retrouver ses énergies pulmonaires, c'est possible ! Avec de l'exercice et encore de l'exercice. Rappelez-vous que ce sont uniquement les changements de volume de la cage thoracique qui nous font respirer. La plèvre, enveloppe qui entoure le poumon, est constituée de deux membranes qui glissent l'une sur l'autre. Entre elles existe une pression négative qui permet au poumon de se gonfler d'air. Pour remplir sa fonction, la plèvre doit être souple et extensible. Par conséquent, tous les exercices d'étirement du thorax et des bras sont les bienvenus.

Mais quels exercices ?

• Pour stimuler le cœur et la respiration, il n'y a pas mieux que la marche et plus particulièrement la marche rapide, la course de fond, le vélo, la natation, le stretching. Au moins une fois par semaine pendant deux heures.

• Pour assouplir la plèvre, il est bon de se suspendre à une barre, mais de façon progressive. Commencez en reposant les pieds sur un tabouret, puis supprimez-le lorsque vous vous sentez parfaitement à l'aise dans l'étirement. C'est également très bon pour les bras et les côtes (sur lesquelles la plèvre s'attache). Prenez quelques minutes pour vous masser de temps en temps entre les côtes.

• Apprendre à contrôler sa respiration est une assurance de mieux-être. Exercez-vous à faire de courtes apnées, des respirations accélérées, des halètements. Vous avez peut-être déjà quelques notions si vous pratiquez le yoga ou la relaxation et, pour les femmes, si vous avez suivi des cours de préparation à l'accouchement.

• Si vous ne parvenez pas vous-même à rééduquer votre respiration, faites-le avec un kinésithérapeute ou dans le cadre d'un cours de yoga, de relaxation ou de sophrologie. Commencez vos exercices doucement. Ne vous mettez pas en situation d'échec, ce qui risquerait d'augmenter l'anxiété due aux difficultés respiratoires.

Quelques étirements

• Debout, de profil, un bras tendu contre un mur, les pieds légèrement éloignés du mur, essayez d'étirer le plus possible l'autre bras vers le haut tout en poussant votre thorax contre le mur. Répétez le mouvement une vingtaine de fois par bras, une fois par jour.

• Debout, les deux mains jointes derrière la nuque contre une arête de mur ou de porte, inspirez profondément en poussant vos coudes vers l'arrière, soufflez en relâchant légèrement la position et recommencez une trentaine de fois par jour.

• Les étirements costaux sont excellents : couché sur le dos, bras écartés, jambes pliées, amenez progressivement les genoux vers les coudes, d'un côté puis de l'autre, une vingtaine de fois, une fois par jour.

Tous ces mouvements ont pour effet d'étirer la colonne vertébrale, les côtes et la plèvre.

Ajoutons quelques conseils d'entretien :

• Arrêtez de fumer. En ce domaine, il est important de se répéter. Mieux vaut être alarmiste que permissif. Le tabac tue jeune et dans la souffrance !

• Évitez les lieux pollués : rues à forte circulation, salles enfumées, restaurants sans ventilation et sans salles réservées aux fumeurs. Évitez également les endroits humides et chauds.

• Méfiez-vous des climatisations, surtout lorsqu'elles n'ont pas fonctionné durant l'hiver. Pensez-y dans votre voiture lorsque arrive l'été. Des moisissures se sont formées et de nombreux petits organismes ont stagné pendant plusieurs mois. De quoi agresser vos bronches et déclencher des toux d'irritation.

• Faites attention aux vernis et peintures qui déclenchent des allergies. Également, l'air printanier chargé de pollen n'est pas toujours apprécié des personnes sensibles des bronches. En cas d'allergies graves, il est recommandé de porter un masque de gaze qui filtre poussières et pollens.

• Faites vérifier votre colonne vertébrale. Un seul blocage sur l'une des 24 côtes articulées sur la colonne peut avoir des répercussions sur la mobilité du thorax et de la plèvre.

☐ Sur le plan alimentaire

• Évitez de prendre du poids. Inévitablement, le surpoids oblige le diaphragme et les poumons à travailler plus. Et rappelez-vous qu'une bonne respiration aide à éliminer les graisses. Alors veillez au bon fonctionnement du processus.

• Évitez le surmenage hépatique. Lorsque le foie est engorgé, toutes les muqueuses s'irritent et s'encombrent. Et des muqueuses, il y en a partout dans le corps : sinus, bronches, estomac, intestin, etc. Reportez-vous au chapitre spécifique « Foie », p.129. En priorité, faites attention au chocolat et à l'alcool. L'excès peut provoquer chez certaines personnes sensibles des sinusites ou des bronchites.

☐ Sur le plan psychologique

Nous avons vu que le poumon est en relation avec la peur d'étouffer, de se noyer, d'être enfermé et d'être dominé. On peut apprendre à gérer ses peurs et ses angoisses, en fonction de leur gravité, avec l'aide de la psychanalyse, de la psychologie, de la sophrologie, de la relaxation, du yoga (voir p. 302).

Le cœur
Il bat et palpite

Situé au centre et à gauche de la poitrine, le cœur est formé d'un muscle appelé le myocarde qui enserre deux parties distinctes séparées par l'épaisse cloison interventriculaire. Chaque moitié comprend deux cavités : l'oreillette et le ventricule. La partie gauche envoie le sang désoxygéné vers les poumons et la partie droite reçoit des poumons le sang oxygéné. La circulation du sang se fait toujours dans le même sens.

Son fonctionnement

☐ **Une pompe très puissante**

Le cœur est une petite machine de 300 g qui bat 100 000 fois par jour (le rythme cardiaque moyen est de

70 battements par minute), et plus de 3 milliards de fois dans une vie. Les centenaires battent des records ! Chaque jour, le cœur expulse la valeur de 7 200 litres de sang (le corps en contient 5 litres). Le cœur est le premier organe du corps humain à fonctionner. À la troisième semaine de l'embryon, il bat. Et c'est le dernier organe à s'arrêter : lorsqu'il ne bat plus, toutes les fonctions du corps cessent, tout est fini. Les premiers battements de cœur tiennent du miracle. Une association de cellules se met en place et tout à coup le cœur frémit, puis commence à battre ! On assiste au spectacle inouï d'une vie qui s'éveille. Le cœur bat, le sang circule. Si le sang devait subir un frottement contre les parois du cœur, il coagulerait. C'est pourquoi l'intérieur du cœur est tapissé d'une membrane extrêmement lisse, l'endocarde. À l'extérieur, le péricarde enveloppe le cœur de deux membranes séparées par un fluide qui évitent toute contrainte mécanique. Ainsi, le cœur ne perd pas d'énergie pour rien !

☐ Une pompe automatique

Le cœur possède son propre système de commande, son système nerveux, dont le fonctionnement peut être cependant modifié par le cerveau et le système nerveux central. Le rythme cardiaque subit les influences directes des émotions, des angoisses et des stress. Le cœur se met alors à battre très vite (tachycardie) ou de manière anarchique (arythmie). Toute baisse du taux d'oxygène dans le sang accroît le rythme cardiaque. Teneur en oxygène ou en gaz carbonique du sang, tension artérielle, activités physiques, chaleur du corps, comme intensité du stress ou de l'effort, sont autant de données que le cerveau transmet au cœur et qui changent le rythme cardiaque.

☐ Un cycle : contraction - relâchement

Le cycle de contraction dure en moyenne 4/5ᵉ de seconde. En cas d'effort ou de stress, il peut être réduit de moitié. La phase de contraction se nomme systole et la phase de relâchement diastole :

– lors de la systole des oreillettes puis des ventricules, le sang est expulsé dans les artères. Le cœur se vide et irrigue de sang oxygéné tout le réseau sanguin ;

– lors de la diastole, le cœur se remplit. Le relâchement du myocarde permet l'entrée du sang dans les oreillettes puis dans les ventricules.

☐ Des valves de contrôle de l'écoulement du fluide

Les valves cardiaques s'ouvrent et se ferment au rythme des systoles et diastoles pour empêcher tout reflux sanguin. Il arrive que ces valves ne soient pas assez étanches et provoquent des souffles au cœur qui, selon leur importance, peuvent fatiguer le muscle cardiaque. Votre médecin et son stéthoscope sont à l'écoute du moindre souffle irrégulier ou inhabituel. Heureusement, les petites fuites sont souvent sans conséquences.

☐ Un grand besoin d'oxygène

Seul le cerveau réclame plus d'oxygène que le cœur. Ce sont les artères coronaires qui apportent à ce dernier l'oxygène dont il a besoin pour bien fonctionner. « Coronaire » vient du mot couronne. Les coronaires entourent le cœur comme une couronne et lui transmettent environ 360 litres de sang par jour, au repos. Lorsque leur diamètre est rétréci par une sténose ou des plaques de cholestérol, le cœur manque d'oxygène et l'infarctus constitue le risque majeur.

☐ Le pouls nous donne le rythme

On prend généralement le pouls au poignet. C'est l'onde d'expansion produite par la contraction du ventricule gauche qui se propage dans les artères.

☐ Le cœur a ses ennemis que le corps connaît bien

Tabac, stress, hypertension, alcool, excès de cholestérol sont les plus grands ennemis des coronaires. Un muscle cardiaque privé d'oxygène se nécrose. Alors, les dangers cardio-vasculaires sont imminents !

Quand il fonctionne moins bien

☐ Les troubles du rythme cardiaque

La vue d'un danger, par exemple, accélère les battements du cœur et il lui faut un certain temps avant de revenir à son rythme normal. Certaines personnes souffrent de tachycardie (accélération du cœur plus ou moins permanente), d'autres de bradycardie (le cœur bat trop lentement). Les sportifs entraînés ont un rythme cardiaque lent dû à la capacité plus grande des ventricules.

☐ L'essoufflement sans raison

Un fort stress émotionnel, l'altitude, l'effort peuvent être à l'origine de ce dérèglement. Parfois, les circonstances ne semblent pas suffisantes pour créer une telle accélération. Il est alors fortement recommandé de consulter son médecin généraliste.

☐ Un serrement dans la poitrine

L'impression peut être fugace ou s'installer plus longue-ment, ou, rarement, se faire sentir pendant des heures. Elle arrive spontanément ou est provoquée par une émotion. Per-sonne n'aime ressentir un serrement de cœur, car tout de suite nous pensons au pire. Les hommes surtout, qui sont les premières cibles des infarctus. Cette sensation est souvent due à une tension du système nerveux du cœur. Mais n'hé-sitez pas à consulter un médecin, il saura vous dire ce qu'il en est et vous rassurer.

☐ Une gêne dans la poitrine

Elle peut être récurrente. On la ressent parfois en avalant sa salive ou en mangeant. C'est comme si l'on absorbait quelque chose de trop gros.

☐ Une douleur entre les omoplates

C'est une douleur inconstante, qui va et qui vient, le plus souvent du côté gauche, et qui a tendance à irradier dans le bras.

☐ Une douleur dans le bras gauche

En cas de problème de cœur, la douleur est indépendante d'un problème mécanique. Elle est d'ailleurs plus proche de la gêne que de la véritable douleur. Même si la plupart du temps, ce n'est pas grave, mieux vaut consulter pour être rassuré.

☐ Des douleurs dans les mâchoires

Lorsque ces douleurs ne trouvent pas leur raison dans les dysfonctions mécaniques de la mâchoire (serrement des mâchoires la nuit, bruxisme, malaxage d'un aliment trop dur…), il est là encore préférable de consulter un médecin pour en comprendre l'origine. Les muscles des mâchoires ont quelques fibres nerveuses qu'ils partagent avec le cœur et la colonne cervicale. Quand le cœur a un problème, cela peut provoquer des spasmes des mâchoires.

☐ **Mal au cou**

Comme pour le bras gauche ou les mâchoires, certaines cervicalgies peuvent être d'origine cardiaque. C'est tout de même rare.

☐ **Un point de côté qui dure**

C'est le même point de côté que l'on peut ressentir après une course trop longue ou trop rapide. Ce point de côté peut être ressenti à droite comme à gauche, il va et vient en fonction de l'activité exercée. Il peut être ressenti au repos.

☐ **Angoisse subite**

C'est une angoisse qui arrive sans raison. Elle s'accompagne de sueurs froides et d'une gêne dans la poitrine. Elle donne la sensation d'un danger imminent. La plupart du temps, ce n'est rien. Consultez tout de même un médecin.

☐ **Des vertiges et la tête vide**

Cela donne une sensation générale de flottement, de ne plus avoir d'accroche au sol. Il devient difficile de fixer son attention.

☐ **Une pâleur extrême**

Elle est due à la réduction de la circulation cutanée. La priorité de l'organisme est d'assurer l'alimentation sanguine du cerveau et celle du cœur. Lorsque celles-ci sont insuffisantes, l'organisme tente de bloquer l'alimentation d'autres organes pour ramener au cerveau et au cœur un apport sanguin complémentaire. La compensation la plus aisée et la moins dangereuse est celle qui vient de la peau. Si la peau est moins irriguée, elle blêmit. En contrepartie, le cœur en reçoit le bénéfice.

La personne « cœur »

Jusqu'à la mort, le cœur ne cesse de battre. Parfois il s'emballe sous le coup d'une émotion. Le coup de foudre ou de frayeur fait « taper le cœur ». Également la joie, l'émerveillement, la peur, la timidité… Les occasions sont nombreuses d'entendre battre son cœur. Parfois, il bat même « à tout rompre ». C'est dire combien les émotions nous vont directement au cœur !

☐ **Le besoin d'être aimé**

Qui peut se vanter de ne pas avoir besoin d'amour ? C'est une nécessité universelle. Pour certains, c'est tout aussi important que l'air qu'ils respirent. Le besoin d'être aimé est si fort qu'ils en deviennent dépendants. À trop vouloir, ils risquent d'être déçus ! « Aimez-moi ! » semblent-ils dire en permanence. Leur demande s'adresse généralement à leurs proches, à ceux qui les entourent. Mais parfois ils élargissent considérablement le cercle de leurs exigences jusqu'à étendre leur comportement à des personnes qu'ils ne côtoient qu'épisodiquement. Par exemple, ils peuvent être contrariés et perturbés par un commerçant habituellement affable qui, une seule fois, les sert avec froideur. Cette réaction est typique d'une forte addiction à l'amour et à l'affection.

☐ La peur de ne pas être aimé

Jacques a intégré une équipe de recherche. C'est exactement la carrière qu'il visait. Il a multiplié les efforts pour se faire admettre de tous les membres de l'équipe. Toujours serviable, devançant les désirs, se proposant pour toutes les petites tâches… En fait, il en a trop fait. Quatre membres de l'équipe ont commencé à le trouver collant et l'ont évité. Petit à petit, Jacques s'est retrouvé isolé du groupe sans comprendre pourquoi. « Avec tout ce que j'ai fait pour eux ! » a-t-il commenté. Il n'avait pas su l'analyser, mais son besoin excessif de reconnaissance s'était retourné contre lui. Il est venu me consulter parce qu'il ressentait une barre et un serrement dans la poitrine, et les examens objectifs s'étaient avérés négatifs. Il avait un blocage au niveau dorsal et costal qui créait une torsion thoracique permanente et déclenchait le poids dans la poitrine. Tout en parvenant à le soulager au niveau de la poitrine, je lui conseillais d'entamer un travail psychologique en profondeur pour éviter la récidive.

☐ L'attachement excessif

Il confine à la dépendance de soi à une autre personne. Sans cesse, il fait souffrir l'âme et le cœur : quand la personne s'éloigne, s'en va, veut se séparer, ou trouve un autre pôle d'intérêt. Comme dit la chanson : « La vie sépare ceux qui s'aiment » ; c'est souvent vrai mais très douloureux quand l'un des deux vit plus en état de dépendance que l'autre.

☐ Le besoin fusionnel

Tendre à la relation ou à l'amour fusionnel, c'est prendre le risque de se perdre petit à petit dans l'autre. C'est oublier sa propre personnalité au point de se mettre en danger. Le transfert est parfois si fort qu'il freine le développement personnel. Ce besoin de fusion est souvent la conséquence d'une demande affective trop forte.

☐ La peur de l'abandon

Nous la ressentons tous lorsque nous nous sentons lâchés ou délaissés par un proche. Mais la personne « cœur » suscite cette peur et l'attise sans qu'elle ait de raisons particulières de se sentir en danger. Quand le cœur ne fonctionne pas normalement, la peur de l'abandon est particulièrement forte. Cette peur est également reliée à d'autres organes comme les intestins ou les organes génitaux.

☐ La jalousie

Il existe un éventail très varié de jaloux :

– le jaloux chronique est tout aussi jaloux de son partenaire que de ses amis. Il en devient infréquentable. Chez lui, la jalousie est comme une maladie enracinée. Il ne pourra s'en guérir qu'après un traitement psychothérapique ou psychanalytique ;

– le jaloux réactionnel est celui qui, se trouvant devant une situation claire et définie de tromperie, ne peut la supporter. Sa jalousie est inévitable.

Francis a tout un week-end de liberté devant lui. Sa femme est en stage de perfectionnement professionnel à Paris. C'est ce qu'elle lui a dit. Il décide d'aller se promener au bord d'un lac situé à une centaine de kilomètres de chez eux. Concours de circonstances extraordinaire : au loin, il aperçoit sa femme marchant bras dessus bras dessous avec un homme qu'il ne connaît pas. Mais eux ont l'air très intimes. La réaction est immédiate. Il sent une brûlure dans la poitrine. « Comme une déchirure faite au fer rouge ! » a-t-il expliqué quand il est venu me consulter. Depuis ce jour fatidique, il se sent oppressé alors que les examens cliniques ne montrent aucune lésion cardiaque. C'est le contrecoup de la jalousie fulgurante ressentie lorsqu'il a eu la révélation de la trahison de sa femme. La douleur dans la région du cœur a pu être atténuée, mais la jalousie n'a pu s'effacer. Elle est latente et se réveille à la moindre petite alerte. « Moi qui n'avais jamais été jaloux, confie-t-il, je le deviens pour un rien. Je suis totalement déstabilisé. »

☐ La méfiance

La personne « cœur » peut passer assez rapidement d'une totale confiance à la méfiance révélée. Des exigences affectives déçues peuvent la mettre sur ses gardes. À l'inverse, alors qu'elle semble se méfier de tout le monde, il suffit d'un beau parleur au charme et aux arguments assurés pour la convaincre et la faire craquer. L'hyperméfiant peut être une proie facile pour les gens rusés !

☐ La peur du jugement

La personne « cœur » a tellement besoin d'être aimée qu'elle accepte mal les jugements négatifs portés sur elle. Être mal jugée signifie pour elle : ne pas plaire, ne pas être aimée, ne pas être reconnue affectivement.

☐ La générosité et le don de soi

La personne « cœur » est spontanément généreuse. Elle a du cœur ! dit-on. Avec son grand besoin de reconnaissance, on pourrait penser que la personne « cœur » donne uniquement pour recevoir et être appréciée. Ce n'est pas toujours le cas. La personne « cœur » sait se dévouer pour une cause. On peut aussi se poser la question de savoir si un tel acte de générosité ne procède pas de la quête affective. Car parfois la déception est perceptible, quand les autres n'apprécient pas le don à sa juste valeur. « Toute ma vie je me suis dévoué(e)… » est une phrase que l'on entend souvent.

☐ Un certain narcissisme

Parfois, la personne « cœur » s'aime un peu trop. Il est important de s'aimer. Ce sentiment constitue un solide matériau pour se construire. Mais s'aimer trop est dangereux car l'excès se fait souvent aux dépens des autres. Le lion majestueux qui marche dans la savane est-il conscient de tous les animaux plus petits, insectes compris, qui gravitent autour de lui ?

☐ Le besoin d'être flatté et récompensé

De la même manière qu'elle aime être aimée, la personne « cœur » adore les compliments et les encouragements. Elle les apprécie en toutes circonstances mais d'autant plus quand ils sont faits devant témoins. Là, c'est le bonheur total ! On peut faire ce que l'on veut de la personne « cœur » én la flattant. Certaines femmes savent très bien s'y prendre avec les hommes « cœur ». « Regardez, s'exclame l'une d'elles devant ses invités, n'est-il pas formidable notre nouveau garage ? C'est mon mari qui l'a fait. » Et le mari de rosir de plaisir et de dire en prenant un air faussement détaché : « Ce n'est rien, ce n'est rien, juste un peu de travail et de patience. »

☐ Une tendance au trac

Plusieurs organes sont sensibles au trac. L'estomac et la vésicule biliaire tout autant que le cœur. Le trac éprouvé plus spécifiquement en petit comité, face à une assemblée que l'on connaît ou à des personnes que l'on aime, est ressenti au niveau du cœur. Le petit compliment que l'on doit lire à un familier pour son anniversaire est l'exemple type de la situation qui fait battre le cœur plus vite que de coutume.

☐ Le panache

Nous verrons que l'estomac peut être en relation avec des actes d'héroïsme. Le cœur, lui, est lié à des actions hors du commun qui ont un certain panache et flattent l'ego. La personne « cœur » aime se défier et mesurer ses limites. Elle se plaît à s'évaluer dans des situations d'exception où elle peut briller. Il y a une nuance de narcissisme dans le comportement.

☐ La peur de mourir

Avoir peur de mourir, ce n'est pas tout à fait avoir peur de la mort. La personne « cœur » craint plus la « manière de mourir » que la mort elle-même. La mort est inéluctable mais la façon de mourir n'est pas la même pour tous. La souffrance ou la déchéance sont moins acceptables, surtout pour la personne « cœur ». Un chef d'État à qui un journaliste demandait « Acceptez-vous la mort ? » répondit : « Oui, mais ce que j'accepte moins, c'est de ne plus être vivant. » Homme « cœur » plein de panache, il cachait peut-être sa peur de mourir.

☐ La peur réactionnelle

C'est une peur immédiate, face à un danger réel ou supposé. Le cœur peut se mettre à battre si fort qu'il donne l'impression d'envahir le thorax. Ce n'est pas une peur de fond, construite dans le temps, comme celle rencontrée chez la personne « rein ». Elle a besoin d'un support, d'un événement, d'une situation hostile ou dangereuse. Cette peur est si forte qu'elle ne dure pas longtemps : soit elle s'efface, soit elle va rejoindre d'autres organes comme le foie et les reins.

☐ La culpabilité

Elle s'exerce par rapport à des événements liés à des êtres proches. Elle intervient dans des situations qui impliquent un individu : une personne que nous n'avons pas su ou pu secourir, une relation manquée, des sentiments mal exprimés à l'attention de quelqu'un de cher. C'est aussi la culpabilité ressentie après le décès d'un proche et qui fait dire : « J'aurais dû lui dire ça… ou faire ci… J'aurais dû venir plus vite… J'aurais dû être plus présent, lui apporter plus de soutien ou de chaleur… ».

☐ La haine

C'est un sentiment grave, mais heureusement, il est rare. Depuis son plus jeune âge, Philippe a vu son père mépriser sa mère, la rudoyer et la rabaisser. Le comportement de son père à l'égard de sa mère a nourri une haine qui s'est accrue au fil du temps. « Petit, mon rêve était de grandir très vite pour devenir plus fort que mon père et l'empêcher de faire du mal à ma mère. J'imaginais même de me battre avec lui et d'avoir le dessus, explique-t-il. Quand je le croisais dans la maison ou ailleurs, mon cœur se mettait à taper violemment. » Le père de Philippe est mort d'un infarctus à l'âge de 35 ans. Philippe n'avait pas suffisamment grandi pour affronter son père et chasser son sentiment de haine. Il ne lui restait que le souvenir d'une relation destructrice alors qu'il aurait tant voulu aimer son père. Il en avait le cœur serré, aussi fort que dans un étau. Un suivi psychologique lui a permis de libérer en partie son cœur.

☐ La rancune et le remords

Rancune et remords ont une répercussion sur le cœur lorsqu'il s'agit de problèmes lourds. Plus légers, les problèmes se reportent sur la vésicule ; plus importants, sur la rate. Durant plus d'un an, Béatrice, qui était en plein marasme affectif et économique, a dû laisser sa fille de 5 ans à ses parents. Elle habitait trop loin de chez eux pour aller la voir régulièrement. Pour reprendre ses mots, cette situation lui a « déchiré le cœur ». Tout le temps de la séparation, elle n'a cessé d'être rongée par le remords. Depuis, Béatrice souffre d'une importante arythmie cardiaque.

☐ L'incapacité à supporter la trahison

Heureusement, la vie nous fait plus souvent subir des petits stress à répétition que des grandes trahisons dramatiques. Bernard, chef d'entreprise, et Georges, son directeur, travaillent ensemble depuis longtemps. L'entreprise, qui jusqu'alors était prospère, commence à connaître de sérieuses difficultés. Les commandes diminuent et la concurrence est de plus en plus forte. Bernard cherche à comprendre les raisons de la dérive. Il s'aperçoit que Georges a livré la plupart des secrets de fabrication à leur principal concurrent. De plus, ce dernier démissionne pour être bientôt embauché par la firme concurrente. Bernard n'a pas supporté la trahison de Georges qui, plus que son bras droit, était aussi son ami d'enfance. Il a subi un triple pontage dans les mois qui ont suivi la terrible mésaventure.

☐ Le chagrin trop fort

Il s'agit du chagrin déclenché par une peine profonde, la maladie ou le décès d'une personne proche. Ce chagrin est une véritable souffrance ressentie en plein cœur. Il se serre, devient lourd et parfois même se spasme. En apprenant une mauvaise nouvelle, certaines personnes portent immédiatement la main au cœur. Bien sûr, le chagrin n'est pas une émotion propre à la personne « cœur », mais comme le maillon faible est cet organe, il va exercer son influence négative sur lui.

☐ L'émotion trop forte

On peut la ressentir en regardant un film émouvant et triste : ça serre dans la poitrine. Normalement, la sensation s'estompe rapidement. Mais, pour les personnes hypersensibles et très réactives, le serrement de cœur se prolonge et provoque une anxiété supplémentaire.

☐ La détresse

Elle arrive quand tout paraît trop noir, qu'il n'y a pas de répit à la souffrance, et qu'aucune solution ne semble poindre à l'horizon. C'est d'abord le cœur qui réagit, puis le pancréas et la rate.

☐ La joie, le bonheur

Il est rare qu'un organe manifeste de manière évidente la joie et le bonheur. Les autres organes, lorsque nous sommes heureux, se contentent d'assurer harmonieusement leurs fonctions. Le cœur, lui, s'accélère et se met à cogner dans la poitrine : c'est de la joie et du bonheur rythmés !

Comment en prendre soin

Il faut entretenir son cœur et penser à sa santé. Même si vous fumez ou si votre hygiène de vie n'est pas excellente, il n'est jamais trop tard pour limiter les risques cardio-vasculaires.

☐ Sur le plan physique

• Musclez-le : le cœur est un muscle, et comme tout muscle, il a besoin d'une activité soutenue pour accroître sa puissance et ses performances. Les sportifs entraînés ont un cœur qui bat lentement. Certains coureurs cyclistes ont un rythme cardiaque de 36 pulsations par minute. Parce que très musclé, le cœur propulse une grande quantité de sang à chaque contraction. De plus, l'activité physique optimise le fonctionnement du réseau de vascularisation coronarien. Même si leur circulation est diminuée, les coronaires se développent et apportent leur afflux sanguin au cœur.

• Étirez-vous : étirez votre thorax car votre cœur doit se sentir à l'aise dans la cage thoracique. Alors que les contraintes physiques de la vie quotidienne (position assise prolongée au bureau par exemple) ont tendance à nous tasser, nous devons penser à donner de la place à notre cœur dans notre corps en relâchant les tensions péricardiques. Tous les assouplissements du thorax ont un effet bénéfique au niveau pleural et péricardique.

Si vous travaillez devant un ordinateur, évitez d'être tendu et de vous tenir voûté, les épaules serrées. Prenez soin d'avoir le regard horizontal face à l'écran, les épaules basses et en arrière. Pratiquez le stretching ou le taï-chi-chuan, faites des étirements suivis par un kinésithérapeute.

• Favorisez l'effort progressif : préférez les activités permettant un effort progressif dans la durée. Le cœur est comme un moteur Diesel, il n'aime pas les efforts brutaux, sans échauffement. Pratiquez la marche à pied à vitesse normale puis rapide, le vélo sans oublier de « mouliner » pendant plusieurs kilomètres, la natation en eau tiède, le ski de fond sans forcer dès le départ. Ces activités sont excellentes pour le cœur. Et surtout, n'oubliez pas que c'est toujours la régularité qui paye !

Attention au tennis, c'est un sport néfaste pour le cœur s'il est pratiqué sans préparation. Prenez le temps de vous échauffer : quelques tours de court à petite vitesse et quelques assouplissements.

Si vous êtes citadin, faites si possible vos trajets à pied. Évitez les ascenseurs, prenez les escaliers, et si vous pouvez, grimpez plus haut.

Méfiez-vous de...

Si vous avez le cœur un peu fragile, méfiez-vous de l'altitude, des températures extrêmes qu'il s'agisse de froid ou de chaud, et des changements brutaux de température. L'été, passer d'une pièce climatisée à une forte chaleur extérieure peut poser des problèmes d'adaptation.

☐ **Sur le plan alimentaire**

• Faites un régime alimentaire sous le suivi d'un médecin nutritionniste (souvenez-vous que la plupart des médecins ont peu de formation sur les régimes à suivre).

• La cigarette est à proscrire impérativement.

• Évitez les graisses cuites, les excès de sucre, l'alcool, la charcuterie, la crème, les glaces, le sel (pour l'hypertension). Attention aux boissons gazeuses souvent très salées. Vérifiez le taux de sodium.

• Consommez le plus possible des fibres longues solubles. Elles obligent le foie à ralentir sa production de cholestérol et par conséquent baissent le taux de ce dernier. Optez pour les choux, choux-fleurs, navets, oignons, poireaux, carottes, lentilles, haricots blancs, le cresson ; les pamplemousses, melons, pêches, pommes, prunes, et aussi le germe de blé.

• Adoptez le réflexe huile d'olive et si possible de la meilleure qualité : première pression à froid.

• De temps à autre, ajoutez quelques cuillerées d'huile de colza à l'huile d'olive ou assaisonnez vos salades avec de l'huile de noix.

☐ **Sur le plan psychologique**

Détendez-vous. Certains stress sont évitables. Facile à dire, répondrez-vous, mais pas facile à faire. Il faut y penser et s'exercer. Lorsque vous vous sentez tendus, évitez les affrontements. Apprenez à faire le dos rond. Yoga, sophrologie, relaxation, musique, danse, chant sont autant d'activités qui aident à relâcher les tensions (voir p. 293). Une de mes patientes, fan de Jacques Brel, réussit à faire baisser sa tension artérielle de deux à trois points rien qu'en mettant un de ses disques et en chantant en même temps que lui.

Les seins
Une symbolique très féminine

Les seins de la femme sont des organes glandulaires. Ils ont pour fonction de produire le lait maternel. Ils ne comportent aucun muscle et sont maintenus par des ligaments. Ils sont parcourus par un réseau de vaisseaux lymphatiques reliés aux ganglions lymphatiques situés aux aisselles et à la base du cou.

Leur fonctionnement

Chez les filles, les seins grossissent à la puberté (dès l'âge de 10 ou 11 ans) sous l'effet des œstrogènes fabriqués par les ovaires. Les femmes qui produisent trop d'œstrogènes ont les seins sensibles, voire douloureux, et des problèmes de foie. Rappelons que le foie élimine les œstrogènes et qu'il peut être irrité par leur excès. D'une manière générale, les seins sont plus sensibles au moment de l'ovulation, du 12e au 14e jour du cycle. Pour certaines femmes, ils le sont aussi juste avant les règles, du 25e au 28e jour. Le foie est particulièrement sollicité à ces périodes du cycle. Les seins remplissent une fonction majeure dans l'allaitement mais jouent également un rôle attractif indiscutable dans la sexualité. Ils sont, avec le bassin, l'image et le symbole de la féminité. Une femme qui se sent bien dans « sa peau de femme » se tient droite, la poitrine en avant.

Quand ils fonctionnent moins bien

Les femmes sont généralement très averties des désagréments liés aux seins. Mais attention, les causes profondes des perturbations ou problèmes sont liées à des dysfonctions hormonales. Les fautifs sont le plus souvent l'hypophyse, l'hypothalamus ou le foie qui sont eux-mêmes dépendants d'autres facteurs comme le stress, les habitudes alimentaires, la pollution, les contraceptifs oraux, les traitements hormonaux, etc. Fort heureusement, la plupart des femmes bénéficient d'un suivi médical systématique et de mesures de dépistage qui permettent de lever le moindre doute dans les délais les plus brefs. Rappelons les troubles auxquels les seins sont sujets.

☐ Une sensibilité excessive

Normalement, les seins sont plus sensibles au moment de l'ovulation (14e jour) et avant les règles (28e jour). Si cette sensibilité devient douloureuse, qu'elle s'installe dans le temps et pendant toute la durée du cycle, c'est le signe d'un dérèglement hormonal.

☐ Une congestion

Les seins paraissent plus gros et plus lourds. La moindre contrainte mécanique ou pression physique laisse des traces. Attention aux soutiens-gorge trop serrés.

☐ Des grosseurs

Les seins sont remplis de tissus adipeux qui peuvent cacher une tumeur ou donner l'impression qu'ils en renferment une. C'est pourquoi les médecins généralistes et les gynécologues pratiquent des palpations extrêmement méticuleuses. Il faut les consulter régulièrement.

☐ Des écoulements

Hormis les écoulements dus à la lactation, toute autre forme d'écoulement est anormale.

☐ Une irrégularité de surface

Si la peau d'un sein donne l'impression d'être rétractée ou présente l'aspect d'un petit cratère, il est nécessaire de consulter un médecin.

☐ Un sein plus gros que l'autre

Lorsque les seins ont une taille différente depuis leur développement, c'est souvent lié à une scoliose ou à un déséquilibre latéral du développement du thorax.

☐ Des douleurs cervicales et dorsales

Certains nerfs qui aboutissent aux seins proviennent du cou et du dos. Il arrive que les seins déclenchent des douleurs de la colonne et inversement. Certaines femmes présentant une hypertrophie mammaire sont gênées en marchant ou en courant et souffrent de douleurs dorsales. Elles sont obligées de se faire opérer pour diminuer le volume de leurs seins afin de se mouvoir plus aisément.

Et les hommes ?

Il est rarissime que les hommes aient des problèmes de seins. Notons cependant qu'à la puberté ou juste avant, ils peuvent connaître une légère croissance des seins. Elle est due à une forte poussée d'œstrogènes alors que le taux de testostérone est encore bas. Souvent s'ajoute un surpoids. Dans ce cas, l'adolescent est généralement complexé et se cache sous de grands pulls ou T-shirts. Il est alors primordial de le rassurer en lui expliquant que tout rentrera bientôt dans l'ordre, surplus de graisse et seins proéminents. Chez l'homme mûr, de tels symptômes peuvent signifier un problème d'hypophyse. Auparavant, on soignait plus les problèmes prostatiques avec des œstrogènes qui ont tendance à faire pousser les seins. J'ai vu des patients désespérés de se voir avec des seins de femme. Heureusement, à l'heure actuelle, ces traitements sont beaucoup plus rares et mieux maîtrisés.

La personne « sein »

C'est presque une lapalissade d'affirmer que les émotions se répercutant sur les seins concernent uniquement les femmes. Les problèmes de seins sont des appels au secours. Ils clament : aidez-moi !

☐ **La reconnaissance de sa féminité**

Pendant la puberté, sous l'effet des œstrogènes, la petite fille voit ses seins pousser. Elle devient progressivement femme. On peut cacher les poils pubiens mais difficilement les seins. C'est un moment important de la vie pour une pré-adolescente qui affiche alors sa féminité ; celle qu'elle a, qu'elle aimerait avoir et qu'elle a peur d'avoir, sa progressive apparence de femme.

☐ **Besoin de protéger et d'être protégée**

La tendre image d'un bébé qui tète le sein de sa mère est un symbole parfait. Le sein nourrit et protège. Comme me disait avec humour une jeune maman : « Quand mon enfant tète, il est dans mes airbags. » La femme « sein » cherche à apporter cette protection mais aussi à la recevoir d'autrui. Elle agit dans la subtile relation « Je donne, je reçois ».

☐ **L'amour maternel**

Le sein est une réminiscence de la protection maternelle. Josiane a toujours pensé que sa mère préférait sa sœur cadette. Elle avait toujours été exigeante avec elle, même dure parfois, et ne lui avait jamais montré beaucoup d'affection. Depuis son mariage, Josiane vivait loin de sa mère et ne la voyait plus beaucoup. Le jour où elle a appris que sa mère était mourante, elle a accouru à son chevet. « Je veux absolument voir ma mère avant qu'elle ne meure pour qu'elle me dise qu'elle m'aime ! » se lamentait-elle. Hélas, sa mère est morte avant qu'elle n'ait pu lui parler. Quatre mois après le décès, Josiane a été opérée d'une tumeur maligne au sein. Elle voulait tellement entendre une parole

d'amour de sa mère ! Le sein est l'organe qui symbolise la
fusion ou parfois l'opposition à la mère. Dans les deux cas,
la relation manque d'équilibre, s'inscrivant dans le « trop »
ou le « pas assez ».

☐ **Le besoin de sécurité affective**

La femme « sein » supporte mal les bouleversements
affectifs. Il lui faut de la stabilité, de solides points d'an-
crage. Après des traumatismes psycho-affectifs, certaines
personnes montrent une faculté de résilience étonnante. Au
contraire, la femme « sein » est perdue et ne sait comment
réagir pour remonter la pente. Elle trouve les solutions dans
le temps mais souvent avec difficulté. Ce n'est pas sans
dommage pour les seins qui gardent la mémoire des stress
affectifs et peuvent développer des tumeurs.

☐ **La solitude réelle ou supposée**

Même entourées, certaines personnes peuvent ressentir
un sentiment de solitude extrême. On peut se sentir très
seul en côtoyant beaucoup de monde. Le problème est
encore plus crucial lorsque la personne vit seule. La solitude effective renforce le sentiment de solitude. Une
patiente, qui fabriquait en permanence des kystes du sein,
me confiait un lundi matin : « Vous êtes la première personne à qui je parle depuis vendredi soir. C'est très souvent ainsi le week-end. Il m'arrive parfois de parler à haute
voix pour faire croire aux voisins que j'ai de la visite. »
Elle s'était installée dans la ville quelques mois auparavant. Par pudeur et de peur de s'imposer, il lui était difficile de se faire des amis.

☐ **Les ruptures et les tournants de vie mal négociés**

Le départ de son conjoint, celui de ses enfants, une trahison des siens, toute forme de chantage affectif ou de harcèlement professionnel... sont autant de ruptures et d'émotions qui peuvent toucher le sein, organe cible par excellence. La simple crainte d'être abandonnée ou trompée peut créer des symptômes comme une mastose, des kystes, une inflammation ou un cancer dans les cas graves. Certaines familles ont l'art de cultiver ce type de stress en multipliant les affrontements, les jalousies, les violences verbales, notamment entre frères et sœurs. Les « virages » que l'on prend mal ou que l'on ne sait pas prendre dans sa vie concernent également la vie intime, familiale et professionnelle. Très souvent, les femmes seules donnent une place prépondérante à leur travail qui devient leur univers. Elles s'y investissent autant que pour une famille. Aussi, les complications et indélicatesses relationnelles qu'elles affrontent dans leur entreprise les touchent sévèrement.

Yvette menait une vie paisible avec son mari : pas de heurts, une bonne entente en faisaient un couple modèle au dire de leur entourage. Hélas, un jour, son mari lui annonce qu'il la quitte pour une autre femme qu'il aime depuis plusieurs années et qui est enceinte de lui. « Le ciel m'est tombé sur la tête, ma peine a été inimaginable, et le pire, c'est comme si je savais qu'une chose terrible allait me tomber dessus », raconte Yvette. Deux ans après, elle a subi une mastectomie du sein droit à la suite d'une tumeur cancéreuse. Maintes fois, elle m'a posé la question : « Vous croyez que c'est moi qui ai fabriqué cette tumeur ? »

☐ **Le désir de maternité inassouvi**

On le retrouve soit chez la femme seule qui a atteint un âge critique pour enfanter, soit chez la mère de plusieurs enfants qui sait qu'elle n'en aura pas d'autres. La femme « sein » a une conscience aiguë de la limite d'âge. Elle sait que c'est trop tard mais elle se raccroche à un espoir irraisonné. Elle voudrait ne pas vieillir. Elle voudrait encore des enfants. Cela se manifeste parfois par des écoulements du sein, mais beaucoup plus souvent par une congestion du sein. Les seins donnent l'impression de grossir comme s'ils se préparaient à allaiter.

☐ La culpabilité et le sentiment d'échec

Nous bâtissons notre culpabilité sur des faits réels ou supposés. Marie était convaincue d'avoir mal élevé ses enfants, sentiment relayé et entretenu par sa belle-famille : « Trop permissive, trop gentille », avait-on tendance à lui reprocher. Marie pensait qu'elle n'avait pas donné à ses enfants les barrières et contraintes suffisantes pour qu'ils soient de bons élèves travailleurs et disciplinés. Mère au foyer, se consacrant entièrement à ses enfants, elle culpabilisait, éprouvait un sentiment d'échec et se disait : « J'aurais dû…, je n'ai pas fait ci, j'ai oublié ça, c'est ma faute… ». Atteinte d'un cancer du sein décelé à temps, elle a subi tout de même une mastectomie. Suite à son opération, elle a opté pour un suivi psychologique. La culpabilité est maintenant pour elle un vieux souvenir. Et sa belle-famille n'aborde plus le sujet de l'éducation des enfants !

La femme « sein » se sent facilement coupable pour des problèmes qui ne sont pas de sa responsabilité. Sandrine a quitté son fiancé sans raisons apparentes. Pour elle, « il n'était pas assez ci et un peu trop ça… ». Les années ont passé, elle est restée seule. Vers l'âge de 45 ans, elle a commencé à déprimer, se désespérant de son célibat tout en ne cessant de répéter que c'était sa faute. « J'aurais dû accepter de me marier avec ce garçon même s'il ne me convenait pas totalement. Ma vie est maintenant un désert et j'en suis la seule responsable. » Entretenant ce sentiment de culpabilité, Sandrine fait des kystes aux seins à répétition. Elle suit une thérapie avec une psychanalyste. Elle commence à comprendre qu'au fond d'elle-même, elle ne désirait pas être en ménage avec un homme. Son père était un homme violent, et elle pensait donc que tous les hommes l'étaient. Elle aurait presque trouvé normal qu'un homme la frappe, et s'était souvent donné des coups contre la poitrine.

☐ La soumission, le fatalisme

La femme « sein » a une propension à la soumission. Soumise à son mari, à ses enfants, à ses parents, à un ou une ami(e), à un proche, à une personne d'influence…, recherchant la perfection, la relation idéale, elle tend à se soumettre pour ne pas créer de heurts et être acceptée. Comme elle est souvent dotée d'un certain fatalisme, elle ne remet pas en cause son attitude. « Que peut-on faire, c'est comme ça ! » l'entend-on souvent dire.

☐ La difficulté à trouver sa place

La personne « sein » démontre un manque ou une perte de repères. À la différence de la personne « poumon » qui se laisse envahir par les autres, elle ne sait pas quel territoire occuper. Elle passe d'un territoire à l'autre en cherchant sa vraie place. Elle en fait parfois trop et parfois pas assez, se disant par exemple : « Suis-je mère mais quelle mère ? », « Suis-je épouse, mais quelle épouse ? », « Suis-je secrétaire, mais quelle secrétaire ? ». Ce manque de territorialité peut aussi provenir d'une éducation trop sévère dans l'enfance.

☐ La timidité

Les seins de la femme sont la partie la plus apparente du thorax, celle qui est exposée au regard de tous. La formation des seins à la puberté peut être source de difficultés relationnelles. On peut voir des cyphoses provoquées par le désir de cacher ses seins : l'adolescente se tient les épaules en avant et le dos rond. Assumant mal sa nouvelle féminité, la même adolescente peut se montrer timide en public. Cette timidité peut se doubler d'agressivité en certaines circonstances. Nous le savons, la timidité de l'enfance ou de l'adolescence nous poursuit longtemps dans l'âge adulte. Souvent, elle ne nous quitte jamais.

☐ Le désir de ressembler à une icône

C'est la représentation idéalisée, celle des images de bandes dessinées ou de magazines super-women : une femme aux seins « gonflés à l'hélium », envoûtante et dominatrice. Rien ne semble pouvoir lui résister. Icône qui véhicule la force de la féminité. La femme bien dans sa peau qui porte sa poitrine en avant. Même si la femme « sein » n'adhère pas totalement à ce type de représentation, elle a parfois le fantasme de la femme sûre d'elle. Il existe maintenant des soutiens-gorge formidables qui donnent du volume à la poitrine et la font tenir parfaitement. Ça aide ! Un petit plus pour prendre de l'assurance !

☐ Une sérénité de façade

La personne « sein » affiche une certaine sérénité qui rassure ceux qui la côtoient. Mais la situation n'est pas si simple : au fond d'elle-même, elle a tellement besoin d'être sécurisée qu'elle projette sur les autres cette sensation. Josiane est kinésithérapeute, et ses patients sont unanimes : « C'est fou à quel point une séance avec elle me fait du bien », « Je repars confiant dans l'avenir et prêt à tout affronter ». Josiane souffre d'un cancer du sein détecté lors d'une visite chez son généraliste. « Pourquoi moi ? Alors que j'ai tant aidé mes patients. Ce n'est pas juste… » En travaillant avec un psychanalyste, elle s'est rendu compte que, finalement, si elle en faisait « trop » pour les autres, c'était pour mieux dissimuler le sentiment d'insécurité profonde dont elle souffrait. « Je sais, c'est maman et sa mère qui, par leur sévérité et leurs trop nombreuses mises en garde contre les dangers supposés de la vie, m'ont donné cette angoisse. Je n'aurais pas dû tricher et faire croire à tout le monde que j'étais si sereine », reconnaît-elle. Aujourd'hui, Josiane se porte bien. Et ses patients disent qu'elle a changé : « Elle ne nous prend plus à n'importe quelle heure, si on est en retard. » Elle travaille moins et fait de grands voyages. Et surtout, Josiane se fait respecter maintenant, elle n'est plus victime de cette envie obsessionnelle de faire plaisir à tout le monde et d'être trop gentille.

Comment en prendre soin

☐ **Sur le plan physique**

• Avant toute chose, consultez régulièrement votre médecin ou votre gynécologue.

• Apprenez à vous palper les seins, à la recherche de zones douloureuses ou indurées.

• Ne portez pas de soutien-gorge trop serré.

• N'hésitez pas à vous masser les seins, en effectuant des mouvements circulaires partant sous les seins et remontant sur les côtés extérieurs.

• Adoptez une activité physique régulière. Faites des étirements du thorax et des bras car les seins sont des organes qui ont tendance à se congestionner et à s'affaisser. Ils n'ont pas de muscles qui leur sont propres mais leur maintien est dépendant de la tonicité des pectoraux. Les seins ont besoin d'être portés par un thorax qui se tient droit et qui est souple. C'est pour cette raison que les étirements sont recommandés et que la musculation des pectoraux avec un petit poids dans les mains est un bon exercice.

Exercice

• Debout, poussez vos paumes l'une contre l'autre en comptant, pour commencer, jusqu'à 20.
• Entraînez-vous d'abord avec les paumes proches du thorax, puis éloignez-les de plus en plus pour rendre l'exercice plus difficile.

☐ **Sur le plan alimentaire**

• Mangez des légumes et des fruits à longues fibres : haricots, petits pois, pommes de terre, endives, épinards, oseille, poireaux, ail, bananes, dattes, noix de coco, framboises, cassis, myrtilles, pastèques, fruits de la passion, pruneaux. Ces aliments ont un effet sur les œstrogènes qui, en trop grande quantité, rendent les seins douloureux. Ils permettent d'en équilibrer la production. Il en est de même pour tous les aliments riches en oméga 3.
• Attention à la pilule et au traitement hormonal de substitution (THS) : durant les périodes où votre foie est dérangé par un trop-plein d'œstrogènes qui empêchent une bonne excrétion de la bile, il a du mal à éliminer les aliments qui ont naturellement tendance à le surcharger, comme le

chocolat, l'alcool, la crème fraîche, les charcuteries, les huiles frites, le fromage. Alors évitez-les pendant l'ovulation et avant vos règles.

Même si le milieu médical français conteste les résultats des statistiques américaines et anglaises sur les effets du THS dans le développement du cancer du sein, il est de plus en plus prudent et applique le principe de précaution.

☐ **Sur le plan psychologique**

Acceptez et montrez votre féminité. Une femme est belle pour elle-même et par la différence physique qu'elle a avec l'homme. Les seins et le bassin sont les éléments manifestes, visibles, de la féminité. Certaines femmes se plaignent d'avoir des seins trop petits et s'arrangent le plus possible pour que cela ne se voit pas. Dos rond, épaules rentrées, bras croisés sont les moyens de protection les plus utilisés. Sachez par exemple que ce n'est pas la couleur des yeux qui les rend beaux, mais c'est un ensemble : leur pétillement, leur rayonnement. Le même principe vaut pour une femme, si elle se tient droite et qu'elle affiche sa féminité. En cas de problème psychologique important, il est recommandé de consulter un thérapeute : ce travail sera d'autant plus efficace qu'il sera associé à un travail corporel.

La vésicule biliaire,
une petite poche de contrariété

Située sous le foie, la vésicule biliaire est une poche en forme de poire. Elle est reliée au reste du système digestif par un réseau de canaux qui transportent la bile, un liquide verdâtre.

Son fonctionnement

☐ Elle stocke et concentre la bile

Le foie produit un litre de bile par jour, dont l'organisme n'a pas toujours besoin. La bile est sollicitée lorsque notre vue et notre odorat sont stimulés par les aliments ; également lorsque notre estomac se dilate en réceptionnant boissons et aliments. Alors, elle passe directement du foie dans le duodénum, par un tuyau appelé cholédoque. Le surplus de bile est stocké dans la vésicule biliaire qui s'emploie à le concentrer pour occuper moins de place. La vésicule absorbe l'eau du liquide biliaire et le réduit de 10 à 20 % du volume initial. Du super-concentré auquel l'organisme fait appel selon ses besoins. La bile a une fonction essentielle dans la digestion des graisses et l'élimination du cholestérol.

La bile vésiculaire, composée de résidus produits par le foie, est de couleur brun verdâtre. Cela se voit lorsqu'on « vomit de la bile ». Si le dérangement provient du foie, la couleur est jaune paille. Très souvent, lors des vomissements, vésicule et foie démontrent l'un après l'autre leur intolérance aux produits ingérés ou aux stress.

☐ Elle est douée pour les calculs

Le calcul biliaire est comme un petit gravier qui se forme dans la vésicule. Le plus souvent, il est le résultat d'une cristallisation du cholestérol lorsque nous en avons trop ou lorsque le niveau de nos sels biliaires est bas. On peut avoir des calculs et ne pas s'en rendre compte. Si ces derniers restent dans la vésicule, ils ne provoquent aucun symptôme. La douleur survient lorsque les calculs sortent de la vésicule et migrent vers les canaux biliaires. S'ils se bloquent dans le canal cystique (le premier conduit d'éjection de la vésicule), on peut observer une inflammation de la vésicule ou du pancréas.

Parfois, les crises dues à des calculs biliaires renvoient des douleurs à des parties du corps tout à fait inattendues comme la région des ovaires ou de l'appendice. Chez les femmes particulièrement, les œstrogènes (encore eux !) rendent la bile plus épaisse et visqueuse et donc plus difficile à éliminer.

Quand elle fonctionne moins bien

On observe :
• Une lourdeur ou un point de côté sous les côtes à droite. Ces sensations peuvent être accompagnées d'une zone sensible derrière l'omoplate droite.
• Des douleurs cervicales plus concentrées tout d'abord sur la gauche et qui se propagent ensuite dans le cou.
• Une hypersensibilité olfactive et visuelle. La photosensibilité oblige à porter des lunettes teintées ou à fuir la lumière dès que le soleil apparaît.
• Des nausées. Dans certains cas, le malaise peut aller jusqu'au vomissement qui libère la bile.
• Le dégoût des aliments gras et de ceux qui sentent fort.
• Une digestion plus difficile une demi-heure ou une heure après le repas.
• Une haleine chargée qui dégage une vague odeur de pomme ou d'acétone.
• Des maux de tête qui se manifestent par des crises anarchiques, souvent le week-end lorsque nous relâchons la pression.
• Des problèmes de muqueuses, sinusites, allergies cutanées, des boutons, des cheveux qui graissent.
• Une certaine irritabilité, réaction courante quand la vésicule fonctionne mal.

La personne « vésicule »

Certaines émotions ou comportements contrarient la vésicule biliaire. Et, à l'inverse, un dérèglement de la bile a des échos négatifs sur la pensée et le comportement. Qui de l'émotion ou de l'organe est responsable ? En méditant sur nos actes et notre vie, nous pouvons faire la part des choses.

☐ Une préoccupation de tous les instants

La personne « vésicule » vit en souci permanent, mais on remarque qu'elle est souvent préoccupée pour pas grand-chose. Il y a toujours un petit détail qui cloche : « Est-ce que mon fils s'est bien réveillé ? », « Est-ce que je vais être à l'heure ? », « Ai-je bien fermé la porte ? », « Où ai-je mis mes clés ? », « Ai-je bien répondu à cette lettre ? ». Vivre en souci permanent a un effet sur la vésicule en la spasmant et en l'irritant. À l'inverse, quand la vésicule est le maillon faible, elle rend encore plus anxieuse et inquiète la personne « vésicule ».

☐ Des stress plus souvent matériels

La vésicule biliaire ne réagit pas aux inquiétudes méta-physiques. Par exemple, l'avenir de l'humanité et les angoisses qui en relèvent ne sont pas de son registre. Elle est affectée par le quotidien, le routinier, le détail.

☐ La contrariété

« Un rien me contrarie », déclare souvent la personne « vésicule ». Lorsque ce comportement devient chronique, il attire presque les ennuis. Sylvie doit aller faire du ski avec son époux et les soucis commencent : « Je ne suis pas sûre de rentrer dans ma combinaison de ski. Mes chaussures me faisaient mal l'année dernière, ça va certainement être la même chose ! » Sylvie s'agite. Elle parvient difficilement à faire front à ses multiples préoccupations. Son mari est prêt, sort du chalet en lui disant qu'il l'attend au pied des pistes. Elle est contrariée mais ne dit rien. Cinq minutes plus tard, elle est enfin équipée, mais il lui manque les skis. « Où est ma clé du casier à skis ? Il faut que j'appelle Jean. Et zut, mon portable n'a plus de batterie ! » C'est la série ! Une succession de petits détails qui ne cessent d'attiser l'anxiété de Sophie et auront raison du plaisir qu'aurait dû apporter cette journée de ski.

☐ L'hypersensibilité et l'hyperactivité

La personne « vésicule » a ce qu'on appelle « les nerfs à fleur de peau ». La moindre remarque la vexe. Lui montrer une tache sur son manteau ou évoquer une attitude équivoque de sa part peut facilement déclencher un drame. Lorsque je soigne une telle personne, je dois faire attention à mes paroles, qui peuvent être mal interprétées. Par exemple, à la question : « Il y a longtemps que vous avez la peau grasse ? », une patiente me rétorqua, vexée : « Comment, la peau grasse, mais je me lave très souvent ! »

☐ La crainte des conflits, même mineurs

Voir deux personnes qui se chamaillent suffit à contrarier la personne « vésicule ». Il semble qu'elle soit très réceptive aux atmosphères et courants négatifs que certaines situations génèrent. C'est le cas de Florence. Elle fait de l'aquagym (exercice à recommander fortement) avec une monitrice qui a mauvais caractère et qui s'emporte facilement : si la température de l'eau n'est pas suffisante, si quelqu'un arrive en retard, si les mouvements sont mal exécutés ou encore si elle surprend un bavardage. Florence sort régulièrement de ce cours contrariée. Physiquement, le stress se reporte sur sa vésicule. À la sortie du cours, elle ressent souvent un point sous les côtes droites. Elle a fini par changer de piscine et de monitrice. Et tout va mieux pour elle. La vie est déjà assez compliquée comme ça, pourquoi se créer des stress inutiles !

☐ Le besoin de stabilité géographique

Même si elle est attirée par les voyages, la personne « vésicule » n'aime pas changer ses habitudes. Elle a besoin de son « petit monde », de ses repères quotidiens. Que tout soit bien en place autour d'elle la rassure. Un voyage ou un déplacement en vue et c'est l'affolement ! Elle multiplie les stress pour de simples détails pratiques. Elle a peur d'être en retard, peur d'avoir oublié quelque chose. Elle a peur de l'avion. Au décollage ou à l'atterrissage, elle devient moite et blêmit. D'ailleurs, il n'est pas rare qu'après un voyage, elle ait une crise de foie.

☐ Des départs et des séparations mal acceptés

Lorsqu'un départ prend la forme d'une épreuve, la vésicule est le premier organe à réagir. Il en est de même lors de séparations difficiles. La personne ressent alors une petite boule tendue, sous le foie. Si départs ou séparations sont vraiment douloureux, voire déchirants, c'est le cœur qui prend le relais et qui risque de souffrir.

☐ La peur des examens et des confrontations

Pour la personne « vésicule », toute épreuve est une source de grande inquiétude et de stress hors normes. Luc doit passer l'épreuve pratique du permis de conduire. C'est pour demain. Il stresse de façon démesurée. Il est pris d'une diarrhée réactive qui lui « tord les boyaux ». Il se sent faible, pense qu'il ne sait plus rien, qu'il ne va se rappeler de rien. Il « se fait monter la pression » tout seul. Et même si, au fond de lui, il pense qu'il va réussir l'épreuve, il dit à qui veut l'entendre qu'il va échouer. La tension monte à son paroxysme jusqu'au moment fatidique, l'examen. Alors, il retrouve suffisamment de calme pour réussir. « Tout ce stress pour rien ! Je suis incorrigible », finit-il par avouer.

☐ **Une ponctualité rare**

La personne « vésicule » est d'une ponctualité presque obsessionnelle, ne supportant pas d'être en retard ou que les autres le soient.

☐ **Un brin de jalousie**

Elle est plutôt de caractère cyclothymique (humeur variable), parfois un peu rancunière. Elle se montre jalouse quand elle ne se sent pas à la hauteur par rapport à une tierce personne, peut-être une rivale ! La personne sensible de la vésicule a une préférence pour la stabilité et les relations paisibles, mais parfois c'est elle qui va chercher le conflit !

Comment en prendre soin

☐ **Sur le plan physique**

• Prenez l'habitude de faire des exercices de respiration. Faites du stretching, une excellente hygiène de vie pour détendre le corps et la vésicule. S'il le faut, consultez un sophrologue qui vous aidera à renforcer vos défenses.
• Apprenez à vous masser sous les côtes à droite. Partez du nombril et remontez vers les côtes jusqu'à ressentir avec les doigts une zone sensible, voire très sensible. Ne quittez pas cette zone et faites des rotations très légères. Si le massage est bien fait et au bon endroit, il vous fera saliver, un réflexe conditionné.

• Pensez à consulter un ostéopathe. En effet, il peut agir sur la vésicule biliaire. En passant délicatement ses doigts sous le thorax, il parvient à relâcher les tensions de la paroi de la vésicule lorsque celle-ci est spasmée, tendue et très sensible. Il va également pouvoir la drainer, pour favoriser l'élimination de la bile et des calculs microscopiques. Au début de la manipulation, la vésicule est réactive puis, peu à peu, elle se relâche et le patient se sent soulagé. Le jour d'après, il peut éprouver une légère fatigue et une sensibilité vers la région du foie. En tous les cas, c'est une excellente technique que chacun de nous devrait expérimenter.

☐ **Sur le plan alimentaire**

Les aliments à éviter sont les mêmes que pour le foie :
• Le chocolat. Il est parfois difficile de déterminer exactement l'élément nocif parmi ses multiples composants, mais il est certain qu'il n'est ni l'ami du foie ni celui de la vésicule.
• La crème fraîche cuite. Vous pouvez la remplacer par du lait, de la crème de soja ou de riz.
• Les conservateurs à base de soufre. Ils sont notés sur certains conditionnements sous l'appellation E 220 à E 227. Ce sont des sulfites (reportez-vous au chapitre conseils et recommandations concernant le foie, p. 129). Attention, les vins bénéficient d'une dérogation : ils en contiennent tous mais la mention n'est pas obligatoire. Certains aliments n'ont pas de sulfite ajouté mais ils sont gazés pour une meilleure conservation. C'est le cas des cacahuètes ou des amandes d'apéritif.

☐ **Sur le plan psychologique**

Puisque les contrariétés bloquent la vésicule biliaire, il faut tout faire pour les éviter. Facile à dire mais comment faire ? Quelques exemples :

– prenez un peu plus de temps pour vous préparer et effectuer vos trajets afin de vous épargner précipitation et stress du retard ;

– préparez minutieusement vos voyages, vos déménagements, les changements dans votre vie ;

– dans la mesure du possible, quittez le lieu où se produit un conflit. À la maison, s'il y a une dispute dans la cuisine, réfugiez-vous dans le salon ou allez faire un tour dehors. Ne cherchez pas les tensions, surtout si vous n'êtes pas en forme et que vous vous sentez déjà tendu.

Le foie
Le moi et l'émoi profonds

Notre centre antipoison

C'est un organe majeur par ses dimensions conséquentes et ses fonctions essentielles à notre survie. De plus, il est l'un des organes clés au niveau émotionnel. Son poids moyen de 1,5 kg le classe parmi les organes les plus lourds du corps, un peu plus lourd que le cerveau. Il se situe en grande partie à droite sous les côtes, au-dessus des intestins. En principe, on le sent sous le gril costal qui le protège. Véritable usine chimique, le foie est – peut-on dire en caricaturant – notre centre antipoison. Il est le filtre de toutes les substances toxiques. Excès alimentaires en tout genre, c'est lui qui trie le bon grain de l'ivraie et transforme les toxines en substances moins nocives. Cependant, n'abusez pas de ses prodiges. À la longue, il pourrait vous jouer des tours ! Il exerce également un rôle capital dans notre système

biliaire et hormonal. C'est l'un des principaux régulateurs du métabolisme digestif, et un organe de réserve d'énergie. En effet :
- il stocke le fer, la vitamine B12, l'acide folique si profitable aux cheveux ;
- il participe à l'équilibre de la glycémie en stockant le glucose et en le transformant en acide gras de réserve, ce qui le rend très utile ;
- il métabolise et équilibre les protéines et les déchets azotés ;
- il stocke et métabolise les graisses.

Son fonctionnement

Tous les organes digestifs travaillent de concert. Si l'un est défaillant, c'est le système digestif entier qui en pâtit. Cela se passe comme sur une chaîne de montage automobile, il suffit d'une pièce défectueuse pour qu'en fin d'assemblage, les performances du véhicule s'en ressentent. Véritable usine antipoison, le foie intercepte et neutralise les produits toxiques grâce à la bile.

☐ La bile

Par 24 heures, le foie sécrète près d'un litre de bile dont une partie est concentrée et stockée par la vésicule biliaire. La bile fonctionne comme un détergent qui émulsionne les parties graisseuses de nos aliments. Elle segmente les graisses en très fines gouttelettes, si fines qu'elles se mélangent aisément à l'eau contenue dans l'intestin. C'est le phénomène de l'émulsion : de petites particules d'un liquide en suspension dans un autre liquide. Le lait est par exemple une émulsion de graisse dans l'eau. La bile est composée d'eau, de cholestérol et de sels biliaires. Les sels biliaires jouent un rôle dans l'absorption des graisses digérées, du cholestérol (HDL et LDL) et de certaines vitamines (A, D, E et K). Ce travail est exécuté en association avec le pancréas. Les sels biliaires désodorisent les matières fécales (quand les selles ou les gaz incommodent notre odorat, c'est que le foie fonctionne moins bien).

☐ Ce fameux cholestérol

Contrairement aux idées reçues, il faut savoir que le cholestérol est fabriqué aux trois quarts par le foie, le quart restant étant apporté par les aliments d'origine animale. Chez ce dit « ennemi » des artères, nous devons distinguer le bon du mauvais. Le LDL (*low density lipoprotein*) est le mauvais, celui qui se dépose sur la paroi des artères et les encrasse au risque de les boucher. Le HDL (*high density lipoprotein*) est le bon qui lutte contre son « frère » en nettoyant ces mêmes artères. C'est le dur combat de David et Goliath ! (voir aussi p. 159).

☐ Les hormones

Le foie est l'un des intervenants essentiels dans la formation des hormones sexuelles (œstrogènes, progestérone, testostérone). Il se charge d'éliminer les surplus et notamment les surplus d'œstrogènes, qui ont tendance à l'irriter et à le sensibiliser.

☐ Les vitamines, les protéines et les sucres

Le foie élabore et stocke beaucoup d'enzymes (qui provoquent et amplifient l'efficacité de nos sucs digestifs) et des vitamines. Le sang qui passe dans le foie s'enrichit d'enzymes qui permettent de digérer les sucres, de désintégrer l'albumine (substance azotée) et de mieux assimiler les corps gras et les hormones. C'est avec l'aide du pancréas que le foie emmagasine, transforme et libère à bon escient les sucres. Il transforme également certains sucres en triglycérides, c'est-à-dire en graisse.

Grâce à la bile qu'il sécrète, le foie synthétise les protéines alimentaires et les fractionne en éléments plus assimilables par le corps. Les protéines sont indispensables à la survie de l'homme car elles servent à la formation des cellules et à leur réparation ; mais le corps est incapable de les fabriquer lui-même. C'est pourquoi le rôle du foie est primordial. Il utilise ce qui est nécessaire aux besoins du corps et transforme l'excès de protéines en urée qui est ensuite éliminée par les reins.

Le foie intervient dans la fabrication de la vitamine D qui sert à fixer le calcium. Il transforme le carotène (pigment jaune ou rouge des végétaux tels que la carotte) en vitamine A. Il régule la teneur en fer dans les globules rouges pour maintenir l'équilibre de la fonction antianémique (l'anémie correspond à une diminution des globules rouges dans le sang).

☐ **Et ce n'est pas fini…**

Le foie assure encore de multiples charges. À la fois ministère de l'économie, de la famille, de la construction et de la santé, il est de tous les combats, sur tous les fronts des excédents, particulièrement occupé à les éliminer. Intoxiqué par des produits nocifs ingérés ou respirés, le foie est aussitôt congestionné et sensible. Savez-vous que lorsque vous peignez une pièce, c'est lui qui se charge de débarrasser votre organisme de toutes les substances que contient la peinture ? Et il y en a ! C'est pourquoi certains peintres contractent des maladies hépatiques. Si vous devez peindre ou passer un vernis, mettez un masque et aérez la pièce au maximum. Lors d'une infection, c'est essentiellement lui qui va procéder à l'élimination finale des virus, microbes et autres pensionnaires indésirables. En cas de troubles, les processus normaux de ses fonctions sont entravés. Il s'ensuit des signes évidents de fatigue.

□ Le foie au féminin

L'homme et la femme ne réagissent pas identiquement aux émotions et l'écho de ces émotions ne résonne pas de la même façon sur les organes.

Marie-Claude me consulte pour une douleur à l'épaule droite. « C'est curieux, me dit-elle, je ne suis pas tombée. C'est arrivé un matin sans raison. J'ai vu un médecin qui a diagnostiqué une périarthrite de l'épaule. – Quel traitement vous a-t-il prescrit ? » Cette question laissait peu de doute. « Des antalgiques et des anti-inflammatoires qui me provoquent des douleurs d'estomac et la sensation d'être barbouillée », me répond-elle. Je remarque qu'elle a le teint légèrement jaune, les cheveux un peu gras et sans tenue, la peau luisante. La palpation révèle que la zone du foie et celle de la vésicule sont sensibles. Ma main n'est pas attirée vers l'épaule, mais plutôt vers le foie : « Ça doit être le foie. – Comment le foie me donnerait-il mal à l'épaule ! s'exclame-t-elle, dubitative. – Tout simplement parce qu'il est relié à votre épaule par son système nerveux. Dites-moi : le matin lorsque vous vous levez, vous sentez-vous en forme ? La lumière du jour ne vous fait-elle pas mal aux yeux ? Avez-vous faim ? De manière plus générale, vos cheveux sont-ils plus gras que d'habitude ? Vous avez 51 ans, vos règles sont-elles toujours régulières ? »

En répondant à mes questions, elle commence à prendre conscience que son foie a en effet du mal à assurer son rôle.

Je vais plus avant dans mes explications : « Le foie a une fonction d'élimination des œstrogènes. Compte tenu de règles irrégulières, vous semblez subir un déséquilibre hormonal entre progestérone et œstrogènes. Il est donc normal que votre foie réagisse. Ce dernier est littéralement intoxiqué et ne peut plus assurer une élimination correcte des aliments que vous absorbez d'autant que vous me dites être accro au chocolat. Votre foie demande grâce ! Il le fait savoir. Congestionné, il irrite votre système nerveux sensitif qui transmet la douleur à l'épaule par un réseau de fibres nerveuses reliant les deux. »

Sans toucher à l'épaule, je mobilise le foie sous les côtes droites et fais des manœuvres de compression et de décompression de la région vésiculaire pour la drainer ; l'épaule commence à regagner en amplitude. « Mais attention, ne mangez plus de chocolat, plus de crème fraîche, plus de beignets et ne buvez plus d'alcool. Mangez le plus possible des fruits et légumes. Buvez souvent et peu à la fois. Marchez régulièrement et revenez dans un mois. » Lors du rendez-vous suivant, elle assure avoir suivi mes conseils. En effet, la douleur a disparu et l'épaule a retrouvé sa mobilité.

Ce cas n'est pas isolé. Dans nos cabinets, les périarthrites de l'épaule sont fréquentes chez les femmes qui abordent la cinquantaine, car les pics d'œstrogènes (hormones féminines) intoxiquent littéralement le foie.

☐ Des relais dans tout le corps

Les circuits nerveux ont parfois d'étranges parcours dans le corps humain. Par exemple, le foie a des liens avec le coude. Tendinites et *tennis-elbow* (douleur au coude) peuvent trouver leur origine dans un mauvais fonctionnement du foie.

Jean-Paul est un fervent bricoleur. Visseuse et perceuse, tenaille et marteau n'ont pas de secret pour lui. Mais un jour, il ressent une douleur au coude droit, douleur qui persiste. Après avoir essayé en vain des traitements locaux et généraux, il vient me consulter. Le coude est légèrement enflé et douloureux à la palpation. Par ailleurs, il présente une raideur cervicale de ce même côté droit. Il faut savoir qu'une partie des centres nerveux du foie est issue des cervicales basses. J'explique à ce patient que le coude est un relais entre colonne cervicale et foie, les deux ayant des fibres nerveuses qui aboutissent au coude. Par conséquent, on peut soulager son coude en diminuant sa tension cervicale, mais j'ajoute qu'il est important aussi de connaître son régime alimentaire puisque le foie peut répercuter ses propres douleurs au coude. Il me dit ne pas boire d'alcool, ne pas manger trop sucré, mais avoue être un gros mangeur de fromage et le préférer à tout autre aliment, surtout le soir. « Essayez de supprimer le fromage le soir. Dans quelques semaines, vous retrouverez l'usage de votre coude sans douleur. »

Dans son cas, il suffisait de rompre le cercle vicieux coude-cervicales-foie-coude-cervicales. En agissant sur la tension cervicales et sur le régime alimentaire, la fonction hépatique ne pouvait s'en porter que mieux. Tout le monde a de l'arthrose due au vieillissement des cartilages, aux suites de traumatismes, mais aussi à un mauvais régime alimentaire qui surmène le foie et les reins. Dans le cas de ce patient, agir sur différents paramètres a permis à l'organisme de mieux éliminer et de se désencrasser un peu. Quand le foie fonctionne mieux, la vie apparaît plus rose !

☐ Pourquoi prendre soin de votre foie ?

Comme pour tous les composants de notre corps, nous lui devons attention et soins. Un foie en bonne santé est le garant d'une bonne activité physique et intellectuelle ainsi que d'un moral à toute épreuve. Quoi de mieux qu'une bonne dose de joie de vivre pour faire avancer votre vie de façon positive, pour entreprendre avec ardeur et en pleine possession de vos moyens ? Bien dans votre corps, vous êtes bien dans votre tête ! Plus sûr de vos valeurs et de votre personnalité, vous serez en mesure de les affirmer et d'opter pour des choix clairs. Un foie engorgé ou intoxiqué fatigue l'organisme plus que de coutume. Quand c'est le cas, vous vous sentez immédiatement épuisé, vous pouvez assurer le quotidien sans entrain mais davantage vous paraît impossible. Imaginez-vous au lendemain d'une fête particulièrement arrosée. Oui, en effet, ce n'est pas brillant ! Alors ça, tous les jours par manque d'hygiène alimentaire, c'est inconcevable. C'est manquer d'attention et de respect pour soi et par conséquent nuire à sa santé et à sa personnalité.

Malmené, le foie le fait savoir

L'un de mes patients, écrivain, venait d'achever un roman. Une année de labeur mené avec opiniâtreté et régularité. En le relisant, il avait remarqué un manque de cohésion sur certains chapitres sans rapport avec la fluidité de lecture qu'il retrouvait dans le reste du livre. Intrigué par cette rupture dans la cohérence, il chercha à retrouver la période d'écriture qui correspondait aux textes incriminés. Il finit par se rappeler qu'il y avait travaillé pendant des vacances chez des amis où il mangeait et buvait (de l'alcool bien entendu) plus que de coutume.

Quand le foie fonctionne moins bien

Parmi les symptômes avant-coureurs d'une faiblesse hépatique, vous en reconnaissez certains tant ils vous semblent familiers. D'autres sont plus subtils et, même si vous les ressentez, vous ne parvenez pas à les lier à un organe particulier.

☐ Des maux de tête

Ce sont soit des migraines qui couvrent la moitié de la face et du crâne, soit des céphalées qui touchent toute la tête. Les migraines sont accompagnées souvent d'autres malaises : envie de vomir, besoin de s'isoler de la lumière et du bruit, impression d'être abattu.

☐ Des troubles de la vue

Au réveil, la lumière devient difficilement supportable. C'est une photophobie liée à un dysfonctionnement du foie qui peut même entraîner une perte légère d'acuité visuelle. Certains jours, il est même difficile de lire les petits caractères.

☐ Cheveux gras et pellicules

Les cheveux graissent. Des pellicules apparaissent. Les lavages fréquents sont indispensables.

☐ Une peau hypersensible

Elle est sensible au point de devenir allergique. Des savons, shampoings, liquides vaisselle qui, auparavant, ne produisaient aucun effet, déclenchent soudainement des réactions cutanées. Sans avoir une peau acnéique, des boutons et des rougeurs apparaissent sur le visage.

☐ **Une langue blanche et chargée**

☐ **Une mauvaise haleine**

Elle est « lourde », donnant l'impression que les effluves de ce que vous avez ingéré la veille s'échappent de votre bouche.

☐ **La sueur**

Elle est plus abondante, survient au moindre effort et émet une odeur forte, voire désagréable.

☐ **Un odorat hypersensible**

Il devient trop sensible. Nous devenons comme un chien de chasse au flair très développé. Alors les odeurs désagréables nous rebutent. Même certains parfums réputés agréables peuvent nous donner la nausée.

☐ **Des gencives fragiles**

Elles deviennent sensibles et hyperréactives, « saignotant » pour un rien. Elles peuvent même s'infecter.

☐ **Des muqueuses irritées**

Elles sont irritées et congestionnées. Sinusites et encombrements bronchiques peuvent indiquer un dysfonctionnement du foie. La congestion des muqueuses provoque le ronflement noc-

turne. Savez-vous que la consommation d'alcool ou de chocolat peut déclencher chez certaines personnes une sinusite dès le
lendemain ou le surlendemain, ainsi que des toux matinales ?

☐ **Des urines foncées**

Elles sont couleur thé très infusé.

☐ **Un teint brouillé, sans éclat**

☐ **De la fatigue physique**

Quand le foie est en surcharge, on n'est pas brillant ! Le
moindre effort nous coûte beaucoup d'énergie et provoque
une forte sudation.

Chez les sportifs : baisse des performances

Des sportifs voient leurs performances diminuer et leurs bons
résultats s'espacer malgré un entraînement intense. En sur-
veillant leur régime, ils peuvent gagner des dixièmes de
seconde et de la résistance. Pour un skieur ou un sprinter, un
simple verre d'alcool pris la veille d'une course peut lui faire
perdre de précieux centièmes de seconde.

☐ **De l'insomnie**

Le sommeil est entrecoupé de nombreuses phases d'éveil.
Les rêves tournent au cauchemar. Certains se voient pour-
suivis par de dangereux maniaques et leurs jambes refusent
de fonctionner quand il s'agit de s'enfuir. Surmené, le foie
chauffe et le fait savoir entre minuit et deux heures du matin.

☐ Un sommeil peu réparateur

Avec un foie maltraité, ne comptez pas recharger vos accumulateurs durant la nuit ! Du coup, le réveil est laborieux, vous vous sentez vidé.

☐ Des vertiges

De nombreux vertiges n'ont rien à voir avec l'oreille interne mais avec le foie. Sensations d'ébriété, d'instabilité, d'être dans du coton peuvent être liées au foie. On évoque une inflammation des muqueuses de l'oreille interne et une stase veineuse qui diminuerait légèrement le volume sanguin circulant dans les veines. C'est une hypothèse, mais les faits sont là.

☐ Une digestion difficile

On commence par se dire « j'ai mal digéré », puis si le malaise persiste, « je suis barbouillé, je digère toujours mal ». En fait, la digestion, pour se faire, demande beaucoup d'énergie. Et vous manquez de ressources ! Une lourdeur se fait sentir du côté droit. Après le repas, il est difficile de garder les yeux ouverts. Si vous êtes chez vous, assis dans un fauteuil ou allongé sur un canapé, vous allez à coup sûr vous endormir.

☐ De la fatigue intellectuelle

Ne cherchez pas à être transcendant quand votre foie fonctionne moins bien. Contentez-vous d'assurer le quotidien. Le foie tente de trouver de l'énergie partout où il peut en trouver, particulièrement dans le cerveau. La capacité intellectuelle en pâtit.

☐ **Une baisse du fameux *fighting spirit***

L'esprit combatif qui fait les champions et les gagneurs fait défaut en cas de mauvais fonctionnement du foie. C'est crucial pour ceux qui sont condamnés à l'excellence comme les sportifs de haut niveau. Ce n'est pas plus agréable pour nous non plus et tout aussi crucial lorsque nous avons à prendre la bonne décision au bon moment.

À ce stade de mal-être, si nous ne prenons pas conscience de notre état, si nous ne cherchons pas à prendre en main nos maux, le mal-être physique et, par résonance, psychique, s'installe. En résultent de multiples désagréments (boutons, pellicules, cheveux gras, sudation excessive) et autres dérangements plus ennuyeux : allergie, sinusite, gingivite, pyorrhée, déchaussement des dents, sensibilité au soleil le matin et en début d'après-midi, acuité olfactive exacerbée, encombrement bronchique le matin, hémorroïdes, problèmes musculaires (claquages, tendinites) par mauvaise élimination de l'acide lactique, douleurs articulaires (surtout à l'épaule droite), entorses fréquentes dues à un manque de vigilance ; sans oublier la fatigue intellectuelle et la sensation de déprime. Si l'un ou plusieurs de ces symptômes persistent, il est temps d'agir pour l'amélioration de votre bien-être et de votre santé à long terme.

La personne « foie »

En fonction de notre génétique et surtout de nos mauvaises habitudes alimentaires, notre foie déclenche des comportements et des réactions émotionnelles spécifiques. Il va de soi qu'une même personne ne montre pas tous les signes décrits en même temps. Et quand ils existent, c'est à des degrés variables. Le foie est avant tout l'organe de l'être et du moi profonds.

Le psychisme et le foie

Parfois, le psychisme est si fortement troublé qu'il renvoie ses douleurs à un organe, de préférence le « maillon faible ». Le foie est le récepteur des culpabilités familiales, du moi profond. C'est probant dans de nombreux cas, dont celui de Geneviève, une femme très dépendante de sa mère. Elle ne prend aucune décision sans l'avis de cette dernière. Une mère incontournable, génitrice mais aussi mentor et juge et qui, hélas, meurt brutalement. Quelques mois après le décès, Geneviève présente des symptômes hépatiques. Les analyses confirment que le foie a des problèmes : congestion, difficulté à épurer et à éliminer les déchets. Médicaments, régime, rien n'y fait. Découragée, elle aboutit dans mon cabinet dans l'espoir qu'une manipulation de l'organe lui ôtera ses malaises hépatiques. La manipulation ne donne pas d'amélioration suffisante. Dans notre métier d'ostéopathe, nous devons mesurer rapidement nos limites. Il est bon de ne pas s'entêter et de trouver une autre solution pour le patient. Après l'avoir longuement interrogée, je lui conseille de voir un psychothérapeute, ce qu'elle a fait. La thérapie a été le remède efficace. Geneviève avait besoin qu'on l'aide à se déculpabiliser : elle avait le sentiment que tout n'avait pas été mis en œuvre pour soigner et pour sauver sa mère. Son psychisme avait eu raison de son foie.

En fonction de son code génétique et des événements de sa vie, chaque individu possède une valeur intrinsèque. Il se construit face à lui-même, sans fard ni artifice. C'est lui, son moi profond, qui évalue, pense, décide, projette sans chercher à se positionner par rapport aux autres. Avec ses qualités et bien sûr ses défauts. Mais cela sans théâtralité, sans ostentation. Certains essaient de retarder le plus possible le moment de cette rencontre avec soi ou se contentent d'agir socialement selon des codes établis. Lorsque l'adolescent se révolte, c'est précisément qu'il cherche à affirmer sa personnalité et à exister par rapport aux autres.

Nous pouvons suivre des rails : c'est simple, la locomotive nous mène à destination. Il est plus difficile de suivre sa propre voie, celle qui révèle notre personnalité. Cette démarche demande un réel investissement. On oppose souvent le moi profond au paraître. Cependant, ce dernier est utile et joue sa partition. Nous avons tous un rôle social à tenir. PDG, médecin, infirmière, commerçant, fonctionnaire, ouvrier… suivent chacun les usages en vigueur dans leur profession. Contrairement à l'adage « L'habit ne fait pas le moine », une même personne, selon qu'elle est habillée d'un bleu de travail ou d'un costume-cravate, a une allure, une démarche et une autorité différentes. L'habit lui donne une attitude apparente qui peut être différente de sa véritable nature. L'activité sociale nous façonne. Mais le moi profond peut revêtir un bleu de travail ou un costume-cravate sans perdre son identité. Le problème naît lorsque l'apparence sociale étouffe inconsciemment le moi profond.

Le rendez-vous de chacun avec son moi profond se fait avec le temps, plutôt à l'âge adulte. Ceux qui n'y parviennent pas manquent peut-être de courage ou tout simplement n'en éprouvent pas le besoin. Un patient, brillant entrepreneur, vient chaque année pour une visite de routine. Rituellement, je lui demande : « Quoi de neuf ? » Il me décrit alors avec jubilation et force détails la voiture qu'il vient d'acquérir. Chacun sa vie : cela ne l'empêche pas d'être sympathique !

☐ Difficulté à se connaître

La plupart des personnes ayant vécu un événement dramatique tel qu'un décès, une rupture, une catastrophe naturelle changent fondamentalement leur vision de la vie. Ils pensent différemment et ont acquis un sens aigu de la relativité des êtres et des choses. Parfois le drame précipite la rencontre avec le moi profond. « Ne prenez pas la vie trop au sérieux, de toute façon, vous n'en sortirez pas vivant ! » Cette exclamation d'humour plutôt noir montre un sens assuré de la dérision. En revanche, l'évolution de notre personnalité, de nos comportements et de nos pensées a de quoi être prise au sérieux. Un dysfonctionnement du foie ne barre pas tous les chemins qui mènent à la connaissance de soi. C'est plus subtil. La rencontre avec son moi profond pourra se réaliser mais elle ne se fera pas dans la continuité et l'harmonie. Ce sera plus douloureux, avec des paliers successifs.

☐ La dépendance à la mère et au passé

Théoriquement, nous avons tous une dépendance à la mère et celle-ci prendrait une dimension moins fusionnelle à l'âge adulte. Mais lorsque l'attachement, voire la sujétion sont excessifs, notre propre développement est bridé. On ne peut pas dire : « C'est parce que mon foie fonctionne mal que je suis trop dépendant de ma mère. » Mais un dysfonctionnement du foie, déclenchant doute et incertitude sur l'avenir, nous pousse à nous pencher sur le passé. Il est plus rassurant de regarder en arrière sans se remettre en question que de se projeter vers un avenir incertain qui demande engagement et responsabilité. En ressassant notre passé, nous finissons toujours par trouver des griefs à l'encontre de notre mère, cible privilégiée de notre passé puisqu'elle y tenait une place importante. Paradoxe : plus les récriminations sont fortes, plus l'attachement et l'amour sont intenses.

Une de mes patientes, Françoise, a un besoin addictif de téléphoner à sa mère. « La conversation commence toujours agréablement, confie-t-elle. Mais, inévitablement, une force me pousse à aborder un sujet de conflit. Je sais par exemple que nous ne sommes pas d'accord sur des principes d'éducation et je vais quand même aborder la question. Bien que la conversation prenne une tournure animée, je cherche la petite bête, jusqu'à ce que ma mère excédée me raccroche au nez. J'ai parfois l'impression que de son côté, elle agit de la même façon. Et pourtant je l'aime et c'est réciproque ! » Françoise reconnaît que lorsqu'elle se sent en forme, elle perd cette agressivité latente et les conversations téléphoniques avec sa mère se déroulent sur un ton plus chaleureux. Françoise a souffert d'une hépatite A contractée lors d'un voyage à l'étranger.

☐ La remontée des mauvais souvenirs

Le foie mémorise tous les éléments de notre construction identitaire : émotions, embûches, deuils, mésaventures, maladies, petits bonheurs, grandes joies... De notre naissance à l'instant que nous sommes en train de vivre, il est le témoin de notre parcours de vie. Dans le cas d'un dysfonctionnement hépatique, ce sont toujours les mauvais souvenirs qui reviennent à la surface et qui nous affaiblissent. Ils ternissent nos actions et assombrissent le chemin qu'il nous reste à parcourir. Les éléments négatifs et les échecs de notre passé ne nous mettent pas en confiance pour oser dans l'avenir affronter des situations similaires. Nous avons peur de reproduire les mêmes, c'est humain.

☐ Une tendance au pessimisme, peur de l'avenir

Nous en avons tous fait l'expérience : le lendemain d'un repas copieux, nous ne nous sentons jamais d'humeur joviale. Nous avons plutôt tendance à prendre les choses du mauvais côté. Si vous mangez de manière répétitive tout ce que votre foie n'aime pas, vous serez submergé d'idées négatives. L'exemple parfait du pessimiste endémique. Dans un tel état d'esprit, comment se sentir serein face à l'avenir ? Les crises de pessimisme sont d'abord sporadiques, puis elles s'installent au point d'avoir des effets sur l'entourage et de le faire souffrir. Les croyances populaires disent qu'il existe deux sortes de médecin : le docteur « tant mieux » pour qui tout ira bien et le docteur « tant pis » qui ne voit que les difficultés. Parions que le second a un foie en mauvaise santé.

☐ Un manque d'estime de soi

En cas de dysfonctionnement du foie, notre estime de soi peut être affectée. Elle est la base de notre construction. Il faut s'aimer soi pour aimer les autres. De nombreux paramètres peuvent mettre à mal l'estime de soi : les relations avec nos parents, notre conjoint, notre hiérarchie professionnelle... Selon leur personnalité, les uns ou les autres peuvent graduellement nous faire croire que nous ne sommes pas à la hauteur. Ce sentiment de doute et de « mésestime » crée une forte inhibition. Parfois nous pouvons réagir à l'opposé : en forçant les choses et les êtres, en établissant avec autrui un rapport de force qui vient compenser le manque d'estime.

☐ Prisonnier de la routine

Peu d'événements dans la vie offrent l'occasion de se dépasser, à l'image du héros de cinéma qui sauve l'humanité. Mais le dépassement peut se situer à un niveau plus accessible. C'est par exemple sortir des rails sur lesquels nous avons confortablement installé notre vie et prendre quelques risques pour changer les habitudes. Au fond de nous, une force nous pousse. Nous suivons ou non la petite voix qui nous encourage à aller au-delà de la routine, à transcender nos habitudes : ce peut être entreprendre un voyage initiatique pour rompre avec le quotidien et essayer de retrouver ses forces de vie. Ce peut être aussi se dévouer pour une cause humanitaire, simplement venir en aide à ceux qui sont dans la détresse, sans bravade ni ostentation.

☐ Mauvaise humeur et mal-être

Guy arrive un matin dans mon cabinet, tendu et harassé, le souffle court : « Voilà, dit-il abruptement, j'ai une douleur dans le cou qui irradie à droite dans l'épaule, le coude et les doigts. J'ai dû me froisser un muscle cette nuit en me retournant dans mon lit. » Il entame un monologue assez confus : « Ça ne va pas. D'abord j'ai mal. Ensuite je me suis accroché avec mon épouse pour des broutilles. C'est toujours moi qui sors le chien. D'ailleurs je me demande si ce n'est pas lui en tirant sur la laisse qui m'a fait mal. Ma femme me fait parfois des réflexions assez blessantes du genre : "Tu devrais soigner ton allure" ou "On ne peut pas dire que tu sois terrible". Au travail, j'ai l'impression qu'on me reproche un manque d'efficacité. En général, ma vie n'est pas facile... » J'examine l'ensemble de son corps. Dans notre métier d'ostéopathe, il est important de ne pas se focaliser uniquement sur les symptômes. Chez Guy, le simple fait de se déshabiller et de s'allonger provoque une sudation exagérée, à l'odeur forte. Bien entendu, le cou, les muscles et les nerfs, de la colonne cervicale au bras, sont très sensibles, voire douloureux. Irrésistiblement, ma main est attirée par la région hépatique qui est tendue, congestionnée et hypersensible : « Vous avez certainement un problème articulaire lié à de l'arthrose et une névralgie cervico-brachiale (irritation des nerfs qui vont du cou au bras). Le tout est accentué par une surcharge hépatique. Il serait intéressant de faire un bilan médical complet et surtout d'envisager ensemble ce que vous pouvez faire vous-même pour votre foie. – C'est vrai, je mange trop gras, trop de fromage, trop de sucre, et puis un petit verre par-ci par-là m'aide à me donner le moral. »

Avouer une addiction à l'alcool n'est pas chose facile. Il faut aborder le sujet avec prudence et beaucoup de gentillesse : « Je vais soulager votre douleur en relâchant doucement vos muscles, vos nerfs et vos articulations. Mais c'est surtout à vous de vous aider. Pendant un mois, faites attention à votre alimentation. Efforcez-vous de manger mieux et de résister à l'alcool sous toutes ses formes. Consommez le plus possible de fruits, de légumes. Buvez souvent de l'eau et par petites quantités. Faites de la marche et revenez me voir. Vous devez tenir quatre semaines. »

Un mois plus tard, il est dans mon cabinet, l'œil plus vif et se tenant droit : « Vous savez, j'ai tenu bon, dit-il assez fier de lui. Nous avons beaucoup parlé avec mon épouse et elle m'a aidé. Moins de sauces, moins de gras. Nous avons fait le régime ensemble. Au travail, on m'a fait remarquer que j'étais plus présent. Ça fait plaisir. – Et vos douleurs ? – Mieux, bien mieux. Je me sens bien. Mais le plus dur c'est l'alcool. »

Je lui ai donné l'adresse d'un sophrologue pour l'aider face à sa dépendance. La consultation a été bénéfique. Le patient avait choisi le bon moment. Il avait besoin de s'entendre dire des vérités qu'il n'osait affronter seul.

Cet exemple démontre les conséquences d'un mauvais fonctionnement du foie : perte d'ambition et de créativité, mal-être avec soi et avec les autres, autodévaluation et douleurs physiques. Un foie en mauvaise santé ne fait pas de nous le conjoint ou le compagnon idéal. Tout devient problème et nous avons tendance à chercher les tensions et les conflits.

☐ Manque de combativité

Lorsqu'on évoque le combat ou le combattant, on pense toujours à celui qui élimine l'autre par la force. Mais en optant pour le combat pacifique, nous nous engageons à prouver notre capacité à nous surpasser. André a 82 ans et il adore faire du ski par n'importe quel temps. Une neige difficile ou une bosse à sauter ne lui font pas peur. Et ce, au grand dam de sa famille. Mais lui ne veut rien entendre : « Ce n'est pas pour les embêter que je fais ça. C'est pour moi, pour ressentir et éprouver mes forces. » Dans l'hiver, il contracte une hépatite virale en mangeant des fruits de mer. Il s'en remet difficilement et confie alors : « Certes, je suis fatigué, mais c'est surtout dans ma tête que ça ne va plus. La preuve, je me suis résigné, je n'irai plus skier. Je n'ai plus envie de prendre des risques. »

☐ L'absence et le manque de créativité

Chaque personne fait preuve de créativité à un degré plus ou moins important. Ce peut être l'architecte qui met sur plan un projet innovateur et ambitieux, la lingère qui repasse des chemises plus vite et mieux que quiconque, le philosophe qui écrit un pamphlet contre un courant de pensée. Chacun est important dans son domaine. La créativité exige que notre organisme soit dans son équilibre optimal. Une personne au foie encombré parvient à gérer son quotidien mais manque d'énergie pour se dépasser dans une entreprise créative quelle qu'elle soit. On peut rétorquer que certains poètes, peintres ou musiciens ont montré du génie sous l'emprise de l'alcool (très toxique pour le foie). Ils l'ont fait à des stades où l'organisme avait encore les ressources pour compenser. Mais ils ont souvent mal vécu et surtout mal fini leur vie et trop précocement. On pense à Verlaine, Rimbaud, Utrillo et d'autres... Plus proche de nous, Serge Gainsbourg, compositeur génial de notre XXᵉ siècle. Lors d'une interview, il se plaignait des méfaits de l'alcool qui lui avait « bouffé son pouvoir de composition ». Il a même conclu en disant : « Surtout ne buvez pas ! » Nous sommes nombreux à regretter que ces artistes n'aient pu vivre plus longtemps pour continuer à nous faire profiter de leur talent.

☐ **Un sentiment d'insécurité**

Nous l'avons déjà dit, il existe de nombreux degrés dans la peur. La peur la plus intense se répercute sur les reins, alors que c'est plutôt le sentiment d'insécurité qui influe sur le foie. Il provoque des crises paroxystiques qui s'ajoutent au pessimisme naturel de la personne sensible du foie. Marie-Claude a un mari voyageur de commerce. Lorsqu'il s'en va, elle est toujours submergée par la crainte qu'il lui arrive quelque chose : « Lorsque je ne suis pas bien, cela prend des proportions inquiétantes. Je suis obligée de prendre sur moi et de me raisonner pour ne pas l'appeler toutes les demi-heures. Quand je me sens bien, je supporte mieux ses départs. » Un jour, son mari a un accident de voiture. Et elle de s'exclamer : « Je l'avais pressenti ! » Mais elle oubliait que ce pressentiment l'habitait constamment : ce jour-là, comme les autres, elle avait pressenti un accident. Marie-Claude souffre d'un déséquilibre hormonal. Son corps fabrique trop d'œstrogènes que le foie a du mal à éliminer. On ne peut pas dire que son anxiété est liée uniquement à ses problèmes de foie, elle peut être due à une trop grande sensibilité et à un parcours de vie difficile. Mais elle est d'autant plus importante que le foie fonctionne mal.

☐ Une plus grande susceptibilité

Attention à ce que vous dites à une personne sensible du foie quand elle n'est pas au mieux de sa forme. Elle réagit au quart de tour pour des peccadilles. Une petite remarque peut déclencher une grande colère. En aucun cas, ce n'est par méchanceté. Mais l'insécurité, la peur, le manque de confiance, le pessimisme qu'occasionne un dysfonctionnement hépatique font que la personne devient hypersensible. Choisissez le bon moment pour faire une plaisanterie car elle peut se retourner contre vous !

☐ Des colères

Elles sont cycliques et quasi inévitables. Curieusement, une fois que la personne a exprimé sa colère, elle se sent mieux. On peut comparer cette colère à une soupape de sécurité. Les tensions accumulées s'échappent par la colère comme la vapeur d'une Cocotte-Minute. Rien de pire qu'une colère rentrée qui se transforme en rancune. Cela me rappelle Pierre. C'est un homme charmant, apprécié par ses collègues. Il se montre parfois ombrageux mais cela lui passe très vite. Serviable, affable, il a toujours un mot gentil pour chacun. En revanche, son épouse n'est pas tout à fait du même avis : « C'est vrai qu'il est gentil, mais parfois je ne le reconnais pas. Il se met en colère pour des détails. Lorsqu'il rentre de son travail, la plupart du temps, il parle peu, juste quelques grognements d'acquiescement en réponse à mes questions. » Le foie est le « maillon faible » de Pierre. Quand le foie fonctionne moins bien, on se sent généralement tendu et agressif et c'est le cas de Pierre. Même s'il apprécie son épouse, il la supporte difficilement quand il a des problèmes hépatiques.

☐ Des petites phobies

La personne « foie » peut développer des comportements phobiques par crises, qui vont de la claustrophobie à l'agoraphobie (peur de la foule et des espaces découverts). Le malaise ressenti par certains dans les supermarchés est typique. Certes, la tendance est en soi, mais elle va se développer et se renforcer au rythme des dysfonctions hépatiques.

☐ La déprime

Foie et cerveau échangent volontiers leurs énergies. Quand l'un en manque, il va en puiser chez l'autre. À un mauvais foie équivaut un état dépressif ! Un dysfonctionnement du foie n'entraîne pas une véritable dépression mais donne le sentiment d'être vidé, malheureux, mal aimé, pas à la hauteur, sans grande envie.

Comment en prendre soin

☐ Sur le plan physique

• Hammam et sauna sont hautement recommandés, non pour perdre du poids (ça ne marche pas) mais pour mieux éliminer les toxines qui s'en vont avec l'urine et la sueur. Le hammam présente l'avantage de faire perdre très peu d'eau car le corps absorbe l'eau de l'humidité ambiante par la respiration.

• Attention à certains médicaments. Dans la lignée des molécules chimiques plus ou moins nocives, la pilule et les traitements hormonaux substitutifs qui, comme tout médicament, sont métabolisés par le foie et les reins, et peuvent être à l'origine de dysfonctionnements parfois sévères, jusqu'à l'hépatite chez une personne au foie sensible. S'épuisant à éliminer le trop-plein d'hormones, le foie ne parvient plus à digérer de manière satisfaisante les aliments trop lourds, provoquant troubles digestifs, anxiété et déprime. De nombreux médicaments sont hépato-toxiques. Si vous avez le foie sensible, il est indispensable de le préciser à votre médecin (qui vous l'aura certainement demandé) lorsqu'il vous prescrit des médicaments comme le paracétamol, les antidépresseurs et les anxiolytiques.

☐ **Sur le plan alimentaire**

Certains aliments sont les amis de votre foie et c'est sur l'alimentation que vous pouvez agir le plus facilement. Faites encore plus attention si vous êtes en surpoids. En principe, les odeurs des aliments qui ne conviennent pas à notre foie ne nous attirent pas ou nous rebutent carrément.

• Mâchez-les : le simple fait de mâcher lentement les sucres lents et les protéines aide à les digérer et demande moins d'énergie à l'organisme.

• Vous le savez, votre corps vous l'a peut-être déjà crié : gare aux frites, beignets et tout autre aliment frit ! Attention aux fromages, viandes grasses, pâtisseries, chocolat, crème fraîche (cuite). Et bien entendu, pas d'excès d'alcool.

• Si vous buvez de façon régulière plus d'un verre d'alcool par repas, votre foie risque un jour ou l'autre de vous jouer des tours.

• Dites oui à l'eau. Il est recommandé de boire. De l'eau et de préférence tiède. Vous pouvez l'accompagner de quelques gouttes de citron (3 ou 4 pour un verre) ou de thé vert. Ne vous forcez pas à boire 2 ou 3 litres d'eau comme certains le conseillent. La quantité d'eau nécessaire à votre corps est fonction de votre poids, de votre taille, de votre sexe, de votre activité physique, de la saison. N'oubliez pas de boire quand vous avez soif, souvent et par petites gorgées, davantage lorsque vous pratiquez un sport ou après un repas lourd et arrosé. Ayez à l'esprit que des urines foncées prouvent que vous n'éliminez pas assez. En ce cas, ayez une bouteille d'eau à portée de main.

• Méfiez-vous des sulfites. Ils donnent des maux de tête et des irritations des sinus. Ce sont les conservateurs à base de soufre, les E 220 à 227, qui se cachent parfois de façon insoupçonnée dans certains aliments et boissons. Bénéficiant d'une dérogation aux normes européennes, les producteurs de vin ne mentionnent pas la présence de sulfites dans leurs composants. Alors méfiez-vous des réactions de votre foie à certains vins, champagnes, bières, jus de fruits. Le chou blanc cru et les pommes de terre épluchées sous vide vendus en grande surface, la morue salée et blanchie, certains produits congelés, la moutarde, le vinaigre, la mayonnaise contiennent des conservateurs E 220 à 227. Ils ne sont pas bons pour le foie.

Je me souviens d'un de mes patients, féru de produits naturels, qui arrive au cabinet avec une barquette d'abricots : « Regardez comme ils sont beaux, dit-il en m'en proposant. – S'ils sont si jaunes, c'est qu'ils contiennent des conservateurs à base de soufre. » Ma réponse l'étonne : « Ce n'est pas possible, je les ai achetés dans un magasin de produits diététiques », rétorque-t-il en me tendant le sachet. Je lis la liste des ingrédients et découvre un « E 223 » : « Vous voyez, ça c'est un sulfite qui permet aux fruits séchés de conserver leur couleur. Sans cet E 223, les abricots seraient tout naturellement devenus noirs, ce qui ne les empêche pas d'être excellents car ils sont séchés naturellement au soleil !

Achetez par exemple en grande surface des carottes râpées en barquette. Oubliez-les une semaine dans le réfrigérateur et observez vos carottes. Si elles présentent toujours une belle couleur orangée, vérifiez votre emballage, vous y trouverez certainement des sulfites E 220 à E 227. »

Ainsi ces « agents doubles » ont fait naître des paradoxes comme celui des carottes. Excellentes pour la santé dans leur état naturel, elles deviennent toxiques si on leur ajoute des conservateurs. Lorsqu'on se réveille avec un mal de tête, comment peut-on penser à incriminer les carottes que l'on a mangées la veille au soir ? Attention aussi aux cacahuètes, amandes, noisettes, noix de cajou qui accompagnent un apéritif. Si elles ne contiennent pas de sulfites, elles sont gazées pour maintenir leur couleur et leur fraîcheur. Si le lendemain vous avez un mauvais réveil, ne vous en prenez pas forcément au verre d'apéritif !

Attention en particulier aux sulfites qu'on peut trouver dans :

– les produits surgelés, tous ceux qui risquent de noircir avec le temps : choux, carottes, pommes de terre ;

– les fruits secs, raisins jaunes, abricots ;

– les compotes, les mayonnaises.

Les colorants E 230-231-232-233 utilisés comme traitement de surface des agrumes sont moins toxiques mais pas très sains non plus, d'autant qu'ils pénètrent dans le fruit et ne s'éliminent pas au lavage, même en frottant le fruit sous l'eau courante. C'est ce qu'on appelle des produits systémiques : ils entrent à l'intérieur de l'aliment et le lavage ne peut les en déloger.

☐ **Que boire et manger de préférence ?**

• Toutes sortes de jus mais essentiellement le jus de pamplemousse frais (1/2 verre avant le petit déjeuner), le jus de citron (à peine un fond de verre avec un peu d'eau). Préférez le citron vert, il est excellent. Pour qu'ils conservent toutes leurs propriétés, il est préférable de presser les fruits vous-même. Mais si vous n'avez pas le temps, mangez carrément le fruit.

• Des fruits dont les champions sont la mangue (l'un des meilleurs antioxydants), la papaye, la goyave, la pêche blanche, l'ananas frais.

• Des légumes et spécifiquement les salades amères comme les pissenlits ou la chicorée qui stimulent le foie, la mâche riche en oméga 3, les artichauts qui combattent efficacement le cholestérol, les radis et les radis noirs, et le roi de tous, le fenouil.

• Complétez avec des jaunes d'œufs de ferme et du petit lait bio de préférence.

• Mangez aussi tout ce qui est légèrement acidulé. L'estomac n'en souffrira pas car il a une acidité naturelle très forte, il produit de l'acide chlorhydrique. Il se protège naturellement de cette acidité. Les produits légèrement acidulés sont bien moins acides que la sécrétion naturelle de l'estomac.

Mais la vie serait bien triste si l'on devait s'en tenir à un régime strict et permanent. Veillez à votre équilibre en prenant du bon temps devant une assiette appétissante et un verre de bon vin. Lorsque vous ressentez les effets d'un excès, retrouvez immédiatement la forme en consommant des aliments curatifs le lendemain.

À consommer avec modération

Alcool (vin, champagne, bière)

Crème fraîche surtout quand elle est cuite

Fromages

Graisses cuites

Chocolat (nous ne sommes pas tous égaux devant le chocolat !)

Notez que la plupart des légumes ont une fonction stimulante pour le foie dans la mesure où ils ne sont pas trop traités et pas trop cuits. Cuisinés *al dente*, ils aident la digestion. Mais si vous êtes vigilants de façon régulière et que vous suivez une bonne hygiène de vie, n'hésitez pas à vous faire plaisir de temps en temps. Il est bon d'être gourmet !

☐ Sur le plan psychologique

• Entretenez une bonne idée de vous, sans tomber dans l'orgueil ou la mégalomanie. C'est une excellente gymnastique psychique pour maintenir un foie en bonne santé.

• Retrouvez le meilleur de vos propres expériences pour mettre en relief vos qualités et vos aptitudes. Rappelez-vous des événements heureux, des bonnes décisions que vous avez prises, des vacances particulièrement réussies, des gens positifs et qui vous aiment bien, des succès obtenus dans votre travail, des sensations physiques agréables (bain de soleil, bain de mer, activités sportives…). Tout cela va vous aider à reprendre confiance en vous.

• Cultivez le sentiment d'estime et de respect à l'égard de vous-même, sans exagération, simplement pour acquérir force intérieure et rayonnement. Retrouvez le pouvoir d'apprécier et de choisir votre vie en toute conscience et en toute liberté. Par votre propre réflexion et en vous aidant des conseils des gens que vous appréciez le plus et dont vous êtes sûr de la sincérité.

• Côtoyez des gens positifs qui vous transmettent leurs passions et leur joie de vivre. Évitez ceux qui traînent la misère du monde sur leur dos.

• N'oubliez jamais que, parmi les actes manqués ou semblant peu significatifs, nous réalisons toujours quelque chose de bien et de positif.

Le foie, suite : le cholestérol
Il est partout

On le trouve dans presque tous les organes. Il est présent dans la plupart des hormones et contribue à l'élaboration d'autres. Hélas, il est impliqué dans la formation des plaques d'athérosclérose, à l'origine des infarctus du myocarde. C'est pourquoi il a été longtemps diabolisé. Considéré uniquement comme un poison, il a semé la terreur. On se lamentait sur son taux de cholestérol et les médecins s'acharnaient à le faire baisser en deçà du nécessaire. La recherche médicale ayant fait des progrès en la matière, désormais on le connaît beaucoup mieux et on le craint un peu moins. On sait qu'il est indispensable à notre organisme et on sait aussi faire la distinction entre le « bon » (HDL) et le « mauvais » (LDL). Les médecins restent vigilants et surveillent étroitement les dosages de leurs patients. L'excès de mauvais cholestérol qui s'amoncelle dans les artères et se fixe est un facteur de risque auquel nous pouvons remédier en observant une bonne hygiène de vie et un régime alimentaire qui supprime les graisses, en arrêtant la cigarette pour ceux qui fument, en pratiquant une activité physique adaptée, en perdant du poids si nécessaire.

Son fonctionnement

Le cholestérol est présent dans le sang, les tissus et tous les liquides de l'organisme. Il contribue à l'élaboration de la bile, des hormones sexuelles (œstrogènes, testostérone, progestérone), de la vitamine D... Les trois quarts du cholestérol sont synthétisés par le foie. Le reste provient de notre alimentation et principalement d'aliments tels que beurre, œuf, fromage, crème, viande...

☐ Le bon et le mauvais

La distinction « bon cholestérol » et « mauvais cholestérol » est un peu simpliste. En matière de cholestérol, rien n'est encore sûr ! Il y aurait du bon dans le mauvais et du mauvais dans le bon. Mais la simplification un peu excessive a l'avantage d'être très pratique. Le cholestérol est véhiculé dans le sang par deux moyens de transports différents, les LDL et les HDL, qui sont des protéines :
– les LDL transportent le cholestérol du foie vers les tissus : en effet, tous les tissus ont besoin de cholestérol pour leur formation et pour leur maintien (nerfs, muscles, peau, organes). Si le cholestérol est en excès dans ce circuit, les cellules ne le captent plus, il reste dans la circulation sanguine et se fixe sur la paroi des vaisseaux. Restant en stagnation, il s'oxyde, s'épaissit et bouche vaisseaux ou artères ;
– les HDL transportent le cholestérol des tissus vers le foie. Le cholestérol des HDL a un rôle totalement opposé à

celui des LDL. Il assure le nettoyage des vaisseaux et des artères.

Quand ça fonctionne moins bien

Les risques sont connus de tous. La fixation du cholestérol sur la paroi interne des vaisseaux et des artères forme des plaques de graisse qui finissent par obstruer la circulation sanguine. Un organisme mal irrigué met l'individu en danger. Les risques sont grands :
– maladies cardio-vasculaires ;
– obstruction de vaisseaux dans le crâne ;
– obstruction des artères coronaires (infarctus) ;
– glaucome et autres scléroses des artères de la rétine ;
– paralysie ;
– hypertension.

Attentions et soins

☐ **Sur le plan physique**

• Pratiquez régulièrement une activité physique. Quelle qu'elle soit, elle n'aura d'effet sur les graisses qu'après au moins une demi-heure de pratique.
• Maîtrisez votre poids.

☐ **Sur le plan alimentaire**

• Évitez de consommer trop de corps gras : beurre, huiles frites, fritures, charcuteries, viandes grasses (comme l'entrecôte), laitages, fromages, crème, chocolat, pâtisseries, viennoiseries…

• Mangez des fruits et légumes. Ils ont presque tous à des degrés divers un pouvoir antioxydant. Ils ralentissent ou empêchent la dégradation des acides gras qui forment des bouchons dans nos artères. Certains fruits et légumes possèdent des fibres longues qui se lient au cholestérol et aux acides biliaires pour favoriser leur élimination. Autre action positive : ils ralentissent l'assimilation des sucres rapides et assistent le pancréas dans sa fonction. Alors mangez des fruits et des légumes à fibres longues, c'est excellent pour la santé : aubergine, carottes, céleri, chou, navet, oignon, poireau, orange, pamplemousse, mandarine, abricot, pomme de terre.

• N'oubliez pas les vitamines. On les trouve dans les aliments et les boissons. Elles sont indispensables à la croissance des enfants et, pendant toute la vie, au maintien de l'homéostasie, c'est-à-dire l'équilibre de toutes les fonctions de l'organisme. Les vitamines ont une grande valeur antioxydante. Citons deux d'entre elles parmi les plus importantes :

– la vitamine C, sans conteste la vitamine majeure. On la trouve dans les agrumes, le persil, le chou, les poivrons, les radis, les kiwis, les fraises, le cresson… ;

– la vitamine E que l'on retrouve dans les amandes, les noix, les noisettes, l'huile d'olive et de colza (le subtil mélange des deux est excellent).

• Choisissez bien vos huiles. Privilégiez l'huile d'olive, qui contient des antioxydants sous forme de phénols et des acides gras protecteurs. L'huile de colza contient également des acides gras protecteurs, et une très bonne proportion d'oméga 3 et d'oméga 6. Curieusement, c'est l'une des moins chères du marché.

• Il est bon de manger des poissons comme le saumon, le maquereau ou la sardine.

Reportez-vous au chapitre « Foie » pour des informations complémentaires.

☐ Sur le plan psychologique

• Évitez les situations pouvant être des sources de stress, car ce dernier est un facteur aggravant du taux de mauvais cholestérol. Essayez d'effectuer vos activités dans le calme. Souvent, on ressent une tension interne au fond de soi, comme si une corde était tendue à l'intérieur de notre corps, dans la poitrine, vers le cœur et l'œsophage. Imaginez cette corde et essayez petit à petit de la relâcher du haut vers le bas. Imaginez une corde qui se détend, des vagues qui se calment, des montagnes qui deviennent des collines, des choses dures qui deviennent molles... Vous pouvez faire cet exercice debout ou couché.

• Éduquez vos enfants dès le plus jeune âge. Ils sont profondément marqués par les publicités vues à la télévision. Celles-ci sont, hélas, remarquablement bien faites : on devient beau et fort, par exemple, en mangeant des barres chocolatées. Apprenons à nos enfants que c'est uniquement pour vendre que les industriels font cette publicité, que ces produits ne sont pas bons pour leur santé. Il ne faut pas totalement leur interdire les sucreries mais leur permettre d'en manger seulement de temps en temps. Faites-leur découvrir très tôt le maximum de fruits et de légumes. En Europe, notre alimentation est très variée, et c'est une chance. Nos enfants doivent maintenir plus tard cette tradition, à nous de leur inculquer cette culture alimentaire.

• Le dépistage est recommandé dans les familles à risque.

L'estomac et le duodénum
Le moi social

L'estomac est la partie la plus large de l'appareil digestif. Le bol alimentaire s'y arrête le temps d'être transformé en bouillie (le chyme). Le duodénum est situé juste après l'estomac. Il le prolonge et fait la liaison avec l'intestin grêle. Séparés par le pylore, estomac et duodénum sont *grosso modo* liés par le même mécanisme digestif. Après avoir été malaxés et mélangés au suc gastrique dans l'estomac, les aliments sont envoyés dans le duodénum après ouverture du sphincter pylorique. Le duodénum constitue le début de l'intestin grêle, la partie la plus courte dans laquelle se déversent les sécrétions produites par le foie, le pancréas et l'estomac, soit environ 5 litres par jour. Sur le plan digestif, le duodénum se rapproche beaucoup de l'intestin, mais sur le plan émotionnel, de l'estomac. Généralement, estomac et duodénum réagissent aux mêmes sollicitations émotionnelles. Ce sont les émotions liées à notre vie relationnelle et qui représentent le « moi par rapport aux autres ». Une sorte de hiérarchie s'est établie entre les deux organes. Un problème simple est somatisé par l'estomac. Un problème plus complexe attaque le duodénum.

Leur fonctionnement

☐ **L'estomac : une poche broyeuse**

Cette poche, située en dessous des côtes à gauche, peut contenir 1,5 litre de nourriture et de liquide. L'estomac :

– sécrète un mucus qui protège sa muqueuse interne des éléments corrosifs et de sa propre acidité ;

– produit jusqu'à 2,5 litres de suc gastrique par jour. La vue, l'odeur, le goût des aliments et des boissons, la pensée ou l'évocation d'un plat, déclenchent la sécrétion. Ce suc contient également de l'acide chlorhydrique, qui tue la plupart des bactéries ingérées ;

– malaxe et prédigère les aliments. Il les éjecte ensuite dans le duodénum dans un ordre précis : d'abord les sucres, ensuite les protéines et enfin les matières grasses qu'il peut conserver pendant six heures pour les rendre plus facilement digérables ;

– aide à assimiler des oligoéléments tels que la vitamine B12 et le fer. Thé, café, colas, alcool stimulent ses fonctions de sécrétion et d'évacuation ;

– absorbe l'eau. Lors de fortes chaleurs, vous remarquerez qu'après avoir bu, vous suez immédiatement. Dans ce cas, il ne s'agit pas d'une élimination de toxines, mais d'une élimination d'eau et de quelques sels minéraux que l'organisme n'a pas le temps de filtrer ;

– absorbe l'aspirine qui, prise en excès, peut provoquer saignements et ulcères.

☐ Le duodénum

Dans l'organisation du travail digestif, le duodénum a un rôle plus sophistiqué. Il est en relation étroite avec le pancréas et le foie qu'il stimule en produisant certaines hormones.

Quand ils fonctionnent moins bien

☐ Quand l'estomac fonctionne moins bien

Rappelons que le but de cet ouvrage est de vous sensibiliser à quelques symptômes significatifs d'un dysfonctionnement, en décrivant simplement les petits signes avant-coureurs qui peuvent vous faire penser que votre estomac fonctionne moins bien et qu'il est donc temps de prendre quelques précautions. Bien sûr, une consultation chez le médecin est alors nécessaire. Parmi ce qui peut vous avertir :

– une haleine acide le matin et en cours d'après-midi ;

– des crampes ou des brûlures sous les côtes à gauche, parfois au-dessus du nombril, qui se manifestent au chant du coq (4 h-5 h du matin) ;

– une brûlure qui peut remonter vers l'œsophage et des renvois acides dans la bouche ;

– des troubles digestifs tels que la sensation d'un estomac lourd qui ne se vide jamais, ou celle d'une trop rapide satiété lors des repas ;

– des douleurs dans le dos, situées entre les omoplates, et plus particulièrement lorsque vous êtes à jeun ;

– des sensations d'inconfort dans certaines positions. À plat ventre, la compression de l'estomac gêne votre respiration et déclenche de légères nausées. Vous ne pouvez maintenir très longtemps les bras levés au-dessus de la tête. Vous supportez mal le port de vêtements ou de ceintures trop serrés à la taille ;

– des éructations répétées qui donnent un court instant l'impression de soulager la tension de l'estomac ;

– une augmentation des problèmes gastriques en mangeant sucré ou en buvant de l'alcool.

La personne « estomac-duodénum »

L'estomac fonctionne dans le paraître, le duodénum s'approche plus de l'être. L'estomac réagit à la vie sociale. Dans son prolongement, le duodénum est touché par les secousses émotionnelles plus intenses s'approchant du moi profond.

☐ Le stress social

Louis, enseignant dans un lycée réputé difficile, subit de sérieux revers : affrontements avec les élèves, désintérêt des parents, scepticisme de ses supérieurs qui ne le soutiennent plus. Il se sent à bout d'arguments, incapable de faire plus et mieux. Une situation d'échec inadmissible pour cet homme qui avait su gagner la considération de ses élèves et du corps enseignant dans le lycée où il exerçait précédemment. On le citait même comme « professeur modèle ». Dans un premier temps, il a le sentiment de tomber de son piédestal : son statut social est remis en cause, sa carrière vacille. À ce stade de préoccupation, les échecs répétés lui vrillent l'estomac. Il réagit dans l'immédiat aux situations vécues dans le lycée.

La situation s'aggrave. En désaccord total avec sa hiérarchie, il doit quitter l'établissement. Il se sent alors frustré en regard des efforts qu'il a fournis pour parvenir à des
compromis. Dévalorisé, blessé dans son amour-propre, mal
à l'aise vis-à-vis de sa famille et de son entourage, il est
atteint dans son moi profond. Petit à petit, il commence par
éprouver des douleurs nocturnes : « C'est comme si mon
ventre me brûlait », explique-t-il. Il ne supporte plus les ceintures. Il éructe souvent. Parfois, il est en proie à des poussées de chaleur qui alternent avec des moments de frilosité.
Son teint est pâle et ses traits tirés. Ce ne sont plus des actes
précis et ponctuels qui le font douter et se remettre en cause.
Il a tout simplement perdu totalement confiance en lui. Sa
passion de l'enseignement et sa volonté d'aider les élèves
à réussir leurs examens ont cédé la place à l'abattement. De
son propre avis : monsieur le professeur a échoué, mais aussi
Louis, dans sa propre individualité. Il veut effacer le présent
et se retourne vers son passé. Il ne se projette plus dans le
futur et ressasse. Déjà petit, se souvient-il, son père ne lui
vouait pas une grande confiance. « Ça m'étonnerait que tu
réussisses un jour », lui disait-il régulièrement. L'enfant
s'était acharné à prouver le contraire à son père. Il ne voulait pas le décevoir et s'était mis au défi de réussir sa carrière d'enseignant pour obtenir la reconnaissance de ce père
qui le sous-estimait. C'est pourquoi l'échec qu'il a subi au
lycée lui fait si mal !

Son médecin lui prescrit des examens qui révèlent un
ulcère duodénal. Le traitement s'avère efficace. Mais il a
toujours un point dans le dos, « une douleur comme un clou
qu'on enfonce », dit-il quand il vient me consulter. Après
l'avoir ausculté, je lui explique que ce point dans le dos est
une douleur de transfert, celle de son mal d'estomac qui est
lui-même l'écho de sa hantise du jugement paternel. Un
véritable fardeau !

Les douleurs de transfert

Aussi nommées douleurs « projetées ». Les centres nerveux d'un organe aboutissent dans la colonne vertébrale et dans le cerveau. Dans la colonne vertébrale, des irradiations (ou influx nerveux) peuvent se diriger vers la peau et les muscles et créer des douleurs. La personne ressent alors des points dans le dos désagréables, et parfois même une véritable souffrance. Le cerveau est le centre des tensions émotionnelles. Il va essayer d'en projeter le plus possible dans le corps pour se libérer d'un excès d'influx négatifs. Si l'estomac et le duodénum sont irrités, ils constituent le maillon faible et vont littéralement attirer ces différents influx négatifs d'origine physique ou psychologique.

Les manipulations du dos et du duodénum associées au traitement médical relâchent considérablement sa tension physique. « Je me sens plus libre et moins coupable. Je pense qu'un suivi psychologique par rapport à mon père me ferait du bien », finit-il par me confier lors de sa dernière visite.

☐ L'image que nous donnons aux autres

L'estomac et le duodénum sont la représentation du moi par rapport aux autres, au travail et à la société. Pour vivre, il faut exister socialement. Et que demande la société ? Que nous soyons productifs, créatifs de manière continue, tout en suivant et en respectant les règles établies. Parvenir à jouer un rôle satisfaisant dans la société demande beaucoup d'efforts. Ce n'est pas toujours simple d'exister et de trouver sa place dans une société qui a tendance à écraser les plus faibles !

☐ Un homme qui se construit

L'estomac est un organe très masculin. On dit plus facilement d'un homme « qu'il a de l'estomac » pour évoquer celui qui ose aller de l'avant dans sa vie professionnelle. En règle générale, les ulcères concernent plus les hommes et particulièrement les hommes jeunes parvenus à l'âge où ils se construisent socialement, où ils doivent faire leurs preuves dans une carrière et dans la société. Mais désormais, les femmes qui assument des responsabilités professionnelles de plus en plus importantes ne sont pas épargnées. Comme nous le verrons plus en détail, chacun d'entre nous possède sa part de yin et de yang (voir p. 238). C'est selon notre personnalité, notre éducation, la société dans laquelle nous évoluons.

☐ Des problèmes avec la hiérarchie

Que nous soyons salariés ou de profession libérale, nous avons toujours à rendre des comptes. Le salarié à son chef, le PDG à ses actionnaires, le libéral à ses clients ou à ses patients. Face à la hiérarchie, nous sommes parfois obligés de composer ou de faire le dos rond. Ce n'est pas de la lâcheté, c'est une question de règles établies. L'important est de rester digne et donc d'être respecté. Si les tensions deviennent trop fortes, l'estomac somatise. La personne « estomac » supporte très bien un supérieur quand elle lui reconnaît de la valeur, mais pas si celui-ci ne respecte pas ses collaborateurs.

☐ « Ce que je fais et non ce que je suis »

Dans notre travail et notre fonction, nous sommes jugés sur des faits, des réalisations. En général, c'est du concret ! On nous demande de montrer ce que nous avons fait et non qui nous sommes. Jean-Claude est artisan et a deux employés. « Voyez-vous, me dit-il lors d'une consultation, je ne partirais jamais en vacances avec mon meilleur employé. Il est compétent, efficace, mais je ne l'aime pas en tant qu'individu. » Ce qui est amusant, c'est que je soigne aussi son employé pour des problèmes de dos, et qu'il pense exactement la même chose de son patron.

☐ Le paraître

Plus ou moins consciemment, nous nous construisons tous une image par rapport et face à la société. Nous voulons jouer notre rôle, tenir notre rang, trouver notre place... Un professeur donnant un cours se situe dans un rôle de composition. En caricaturant, on peut dire que ce n'est pas lui qui donne le cours mais « l'autre », celui qui a fait des études pour apprendre à être professeur, celui qui est apprécié de ses élèves et reconnu. Un professeur socialement brillant et imposant qui terrorisait ses élèves. Mais une fois rentré chez lui, il devenait tel un enfant docile. Et son épouse le traitait comme tel, sans aucun respect : « Mets ton écharpe, tu vas t'enrhumer » ou « Tu es un vrai gosse » sans qu'il ne se rebiffe. Finalement, ce professeur souffrait du décalage entre son rôle social d'enseignant et son rôle dans sa famille, où sa véritable nature était d'être faible. Il jouait les forts avec ses élèves pour mieux cacher sa peur.

☐ La force de l'extraversion

C'est cette force qui nous pousse vers les autres, pour les rencontrer, les connaître, montrer qu'on existe, les convaincre. L'extraversion peut être naturelle ou affectée. Pour lutter contre leur timidité, certains timides se font fort d'adopter une attitude extravertie. À l'inverse, des enfants naturellement extravertis qui ont été étouffés par une éducation stricte peuvent refouler leur nature profonde. Il nous arrive de forcer notre tempérament et de jouer un rôle de composition pour tenter de convaincre quelqu'un. Parfois jusqu'à nous faire mal « aux tripes » !

☐ Intolérance accrue à la frustration

La personne « estomac » qui n'a pas réalisé ses objectifs se sent très vite frustrée. Il s'agit d'une frustration par rapport aux autres et aux buts que l'on s'était fixés. Au niveau de l'estomac, cette frustration se manifeste par des crampes, des brûlures et des spasmes. La construction et la réussite sociale sont parsemées de nombreux écueils. Il y a souvent de quoi se sentir frustré !

☐ Mauvaise estime de soi

Cette mauvaise estimation se situe, comme nous l'avons vu pour d'autres comportements, dans le registre du « trop » ou du « pas assez ». Celui qui se surestime se met en danger. Il prend le risque d'échouer, non seulement dans sa carrière mais aussi dans sa relation aux autres. Ces derniers auront facilement tendance à penser : « Mais pour qui se prend-il celui-là ? » Le rejet est alors à deux pas. Celui qui se sous-estime adopte un comportement timide et retenu, toujours au-dessous de son potentiel. Il est le plus souvent freiné par le poids de son éducation.

☐ Manque de confiance en soi pendant l'enfance

L'enfant que l'on a été a construit l'adulte que l'on est. Un enfant qui n'a pas eu ou qui a perdu confiance en ses parents développe une mauvaise estimation de soi. À l'âge adulte, selon les autres composantes de son caractère et de son développement, il a tendance à se surestimer ou, à l'inverse, à se sous-estimer. Un père (ou celui qui joue le rôle du père) qui véhicule l'image de la réussite force l'admiration de son enfant. Ce dernier n'aura de cesse de parvenir à l'égaler. Selon le caractère de l'enfant, parfois c'est un excellent moteur, parfois c'est une énorme entrave qui conduit au repli de soi et à la résignation. Le besoin de reconnaissance et de pouvoir de la personne « estomac » révèle le plus souvent une relation conflictuelle avec le père et un besoin de revanche à prendre sur une enfance frustrée.

☐ **« Avoir de l'estomac »**

C'est se situer dans l'action, le futur et faire preuve de hardiesse (détermination, courage). Pour se sentir bien, la personne « estomac » a besoin d'être en permanence dans l'action. Jamais satisfaite des acquis, elle veut toujours plus et toujours aller plus loin. Au contraire de la personne « foie » qui se tourne vers le passé, la personne « estomac » regarde devant. Elle se fixe sur l'avenir, ce qui l'empêche de s'attarder sur elle-même, elle a toujours de nouveaux projets. Il est bien connu que lorsqu'on est absorbé par de multiples occupations, on n'a pas le temps de penser à soi. Cette projection vers le futur peut être vue comme une fuite en avant, mais aussi comme une thérapie qui permet de tempérer l'anxiété profonde qui nous habite et nous entrave.

Pour éviter les situations d'échec, la personne « estomac » est suractive, sans cesse en effervescence, en recherche de solutions et d'idées. Elle développe une forte créativité qui peut être l'expression positive d'une anxiété. Elle se sent et veut être responsable de tout. À tort ou à raison, elle se crée même des responsabilités supplémentaires qui ajoutent à sa charge de travail. Elle ira par exemple travailler le dimanche ou emportera des dossiers en vacances. Cette forme d'excitation peut aller jusqu'à la paranoïa. Elle veut tellement convaincre et réussir qu'il lui arrive de se sentir agressée, mal comprise et mal aimée. Elle supporte mal d'être critiquée ou de ne pas être suivie dans ses actes et ses idées. Le besoin exacerbé d'être dans l'action, de se surpasser et de se projeter dans le futur peut parfois déclencher des crises d'agressivité. La personne s'en prend tout autant à elle-même qu'aux autres. L'agressivité stimule notre taux de cortisol ce qui, par conséquent, augmente l'acidité de l'estomac.

☐ Une ambition prononcée

Estomac et duodénum sont en relation étroite avec le besoin de reconnaissance sociale et les efforts faits pour décrocher un rôle valorisant dans la société. Ils évoquent l'image que nous voulons ou devons montrer aux autres. Si nous n'y parvenons pas, ce peut être douloureux ! L'ambition est un moyen de se réaliser. Mais quand elle devient une fin en soi, elle peut se retourner dangereusement contre soi, principalement en cas d'échec. Si elle est doublée d'une fierté mal placée, celle qui se place au-delà de la satisfaction du travail bien fait, les méfaits sont encore plus grands. Être ambitieux pour soi est positif, mais l'être contre les autres est plutôt destructeur.

☐ Séduction...

La personne « estomac » aime le jeu de la séduction. Elle a tendance à séduire, plus pour connaître le succès que par intérêt pour l'autre. C'est souvent un jeu social. Il faut savoir rester vigilant avec ce type de personne ! Plaire, séduire, convaincre, réussir, ne vont pas sans une certaine jalousie envers ceux qui réussissent mieux et plus vite. La jalousie chronique affecte l'estomac et le cœur.

□ ... mais instabilité

Dans ce tourbillon de conquêtes, la personne « estomac » peut se montrer d'une grande générosité, soit de façon tout à fait spontanée et désintéressée, soit pour montrer sa puissance. C'est selon les circonstances et l'entourage. En peu de temps, elle peut passer de l'arrogance à l'humilité. Forte avec les faibles, faible avec les forts ! Elle peut également naviguer entre égoïsme et altruisme. L'égoïsme est difficilement supportable, l'altruisme intéressé qui sert à séduire l'est tout autant. La victime qui prend conscience d'avoir été trompée par un jeu de séduction éprouve du ressentiment. Et celui ou celle qui s'est joué d'elle n'est pas forcément très à l'aise avec sa conscience.

□ Peur et intolérance à l'échec

La personne « estomac » a un extrême besoin de se sentir soutenue dans tout ce qu'elle entreprend. Elle développe beaucoup d'énergie pour plaire et convaincre. Si elle n'y parvient pas, elle se sent immédiatement en situation d'échec. En fait, elle a peur de l'échec et le supporte mal. C'est la personne type illustrant le fameux dilemme « réussir dans la vie ou réussir sa vie »... avec un peu de paranoïa. À force de vouloir convaincre, à force de vouloir réussir, celui qui veut toujours être sur le devant de la scène crée un fossé entre lui et les autres. Il s'isole au point de finir par se sentir mal compris, mal accepté, mal aimé. Parfois à tort. Son entourage, qui n'est pas guidé par les mêmes ambitions ou motivations, n'a tout simplement pas envie de le suivre ou de subir sa pression.

☐ Du sentiment de puissance à la dépréciation

Bernard avait créé une entreprise d'informatique qu'il avait portée à un niveau de chiffre d'affaires conséquent. Il s'était acheté une belle demeure dont il était très fier. Un signe tangible de réussite. Rituellement, chaque nouvel invité avait droit au tour largement commenté du propriétaire. Plus tard, il eut à essuyer une crise économique grave. Ne parvenant plus à honorer ses traites, il dut licencier la moitié de son personnel. Il vendit sa maison pour retourner dans un appartement ordinaire. Lorsqu'il vint me consulter, il souffrait d'un point dans le dos, une brûlure qui s'intensifiait au petit matin. Effectivement, à la palpation, le point dans le dos était très perceptible entre les omoplates plutôt côté gauche. Il s'accompagnait d'une douleur abdominale au-dessus du nombril. Le plus souvent, il est préférable de laisser les patients exprimer leurs problèmes plutôt que de les interroger de manière abrupte. Surtout les hommes, qui sont plus pudiques et peu enclins à se laisser aller. « L'estomac est tendu et il semble qu'il n'y ait pas que lui », lui dis-je simplement. Il me confia alors ses déboires. Il était important de lui expliquer la relation établie entre l'estomac qui somatisait l'échec, et le point dans le dos : « L'estomac possède les mêmes centres nerveux que les muscles situés entre les omoplates. Si l'estomac est irrité, les muscles se spasment et créent un blocage qui, à son tour, se répercute à l'estomac et provoque une douleur. C'est le principe du chat qui se mord la queue ! »
Il était utile d'ajouter quelques conseils : « Lorsque vous ressentez vos douleurs, n'essayez pas de vous dire que ce n'est rien. Au contraire, considérez-les et n'hésitez pas à en rajouter en vous disant : "C'est vrai que ça brûle, ça me fait très mal, ça me perfore…" La douleur va devenir de plus en plus précise et nette. Mettez alors la paume de votre main

à son contact et commencez à penser le contraire : "De toute façon, ce n'est pas grave, je ne suis pas en danger." Concentrez votre respiration sur la paume de votre main et progressivement, la douleur va se relâcher et peu à peu vous allez vous sentir en paix. »

Les manipulations associées à des mouvements respiratoires, de la relaxation et des activités physiques dissipèrent les douleurs. La compréhension de sa douleur fit le reste et enleva définitivement le « clou émotionnel » qu'il avait dans le dos. Bernard avait montré un grand intérêt à comprendre et a démonter le système de sa douleur. Devenu plus à l'aise dans son corps et dans sa tête, il put réorganiser sa vie de façon constructive. Il laissa tomber l'informatique pour la climatisation, ce qui lui réussit.

☐ La colère spontanée

Quand un événement nous met en colère, soit nous réagissons de façon immédiate et nous exprimons notre colère en criant ou en gesticulant par exemple ; soit nous la refoulons et ne laissons rien paraître. La colère impulsive vise l'estomac. Nous ressentons une barre ou une brûlure en même temps que nous avons une réaction physique, verbale ou gestuelle. La colère refoulée se reporte sur le foie, et à un degré plus fort, sur la rate.

☐ Ce qui reste en travers

Il faut souvent du temps pour digérer ou faire passer de fortes contrariétés. On dit : « Il faut que ça passe » ou « Ça mettra du temps pour passer ». Mais dans certains cas, elles restent « coincées » quelque part dans la mémoire ou le psychisme. On dit communément : « Ça m'est resté en travers ! », « J'ai comme une boule à l'estomac », « Je n'ai pas digéré ce que l'on m'a fait ». Les fortes contrariétés affectent l'estomac, alors que les petites contrariétés affectent la vésicule.

Comment en prendre soin

☐ Sur le plan physique

Stoppez le tabac : de qui peut-il être l'ami ? Mélangé à la salive, il devient particulièrement toxique pour l'estomac.

En général, l'estomac réagit bien aux thérapies manuelles, dans la mesure où l'on intervient à la fois sur les facteurs émotionnels et viscéraux. La personne qui a mal à l'estomac est souvent active, voire hyperactive. L'activité physique est primordiale dans ce type de symptômes afin que le trop-plein d'énergie se déverse ailleurs que dans l'estomac. Il est préférable de s'adonner à des activités physiques qui fatiguent : le vélo, la course à pied, les longues marches, le ski de fond…

☐ Sur le plan alimentaire

• Évitez les ingestions froides : le froid a tendance à bloquer et à spasmer l'estomac si bien qu'il se vide mal. Si vous avez l'estomac fragile, ne commencez pas un repas par des plats froids. Préférez une soupe chaude. Prise en entrée, elle détend l'estomac. Les Orientaux le savent et en sont friands au déjeuner comme au dîner. Certains même la prennent à la fin du repas.

• Mâchez consciencieusement les aliments pour aider l'estomac à les broyer plus facilement. De plus, la salive contient des enzymes qui facilitent la digestion et permettent une meilleure assimilation des vitamines et des oligoéléments.

• Évitez les sucres rapides (par exemple ceux que vous ajoutez dans vos boissons et vos aliments). Ils vont augmenter l'acidité de l'estomac, surtout si vous êtes à jeun. Le pire étant l'absorption de sucre en fin de matinée et d'après-midi.

• Évitez également les aliments gras : ils conviennent peu à l'estomac et augmentent l'acidité.

• Attention à l'aspirine et aux anti-inflammatoires. Ils empêchent le mucus protecteur de la paroi stomacale de remplir sa fonction. Si vous avez mal à l'estomac ou si vous souffrez d'un ulcère, ils sont vraiment à éviter.

Faut-il supprimer les aliments acides ? Classiquement, on les déconseille, mais leurs effets sont parfois bénéfiques. L'estomac baigne dans une acidité qui est bien plus forte que celle de la plupart des aliments que nous ingérons. Certains aliments acides ont tendance à augmenter l'évacuation de l'estomac. Si par exemple un jus de citron entier n'est pas toléré par l'estomac, deux à trois gouttes dans un verre d'eau tiède l'aident à se vider. Cependant, si vous avez l'estomac sensible, évitez de le boire à jeun, au début du repas et au cours de la nuit. Si vous vous réveillez vers 2 h ou 3 h du matin, vous ressentez plus facilement cette acidité car il existe un cycle dans la production d'acide.

Aliments à éviter

Citron et vinaigre (sauf en petites quantités), orange, sucre, chocolat, alcool, sel, épices, ail. Prendre du chocolat accompagné d'un peu d'alcool avant de se coucher est ce qu'il y a de pire pour l'acidité de l'estomac.

L'alcool augmente l'acidité stomacale et facilite les reflux d'acidité dans l'œsophage pendant la nuit.

☐ Sur le plan psychologique

La personne « estomac » est souvent active, voire hyper-active. Pour prouver sa valeur aux autres, elle se lance des défis qui ne sont pas toujours raisonnables. Plusieurs techniques existent pour lui permettre de calmer ses ardeurs :

– la pratique d'activités physiques qui fatiguent et qui vont éliminer son trop-plein d'énergie : vélo, course à pied, longues marches, ski de fond, planche à voile ;

– la pratique de sports de combat qui lui permettront de mieux réfréner ses pulsions et d'augmenter son *self-control* ;

– la pratique du taï-chi, du yoga ou de la relaxation (voir p. 302-303).

Mais son besoin d'action est tel qu'elle peut se lasser vite. Souvent, elle rentre chez elle le soir exténuée par toutes ses activités. Elle a besoin du réconfort de ses proches, et s'entendre dire : « Tu en fais trop, tu ne résisteras pas longtemps à ce rythme-là » est pour elle la négation de son engagement et du travail effectué. Avant de s'effondrer dans un fauteuil, un peu d'activité physique est recommandé. Par exemple, le simple fait de marcher va l'aider à se débarrasser de l'excès de tensions accumulées pendant la journée, sinon ces tensions se manifesteront pendant la nuit sous forme d'insomnie.

Dans les cas importants, un travail de thérapie est souhaitable afin que la personne « estomac » comprenne pourquoi elle veut tant être reconnue socialement et pourquoi elle cherche à se perdre dans l'hyperactivité. N'oublions pas que plus on est actif, moins on pense à soi…

Le pancréas et la rate
Une tâche difficile

Sur le plan émotionnel, il est difficile de différencier rate et pancréas, alors que, sur le plan physiologique, leurs fonctions sont très distinctes.

Leur fonctionnement

☐ **Le pancréas**

C'est une glande allongée, d'une vingtaine de centimètres. située à gauche de l'abdomen, derrière l'estomac. Le pancréas a une double fonction, digestive et endocrine :
– il sécrète des enzymes qui digèrent sucres et graisses, aidant à l'utilisation et à la transformation des protéines ;
– il produit environ 1,5 litre de suc pancréatique par jour, ce qui est démesuré par rapport à son poids ;

– il sécrète des hormones, le glucagon et l'insuline, qui régulent le taux de sucre dans le sang. Le glucagon augmente le taux de sucre et l'insuline le diminue. Le déséquilibre des deux est impliqué dans le diabète.

☐ La rate

Elle est située sous les côtes gauches, latéralement. Elle ne pèse pas plus de 200 grammes. Son système circulatoire la relie au foie, au pancréas et à tout le corps :
– elle détruit les globules rouges et les plaquettes qui n'ont plus d'utilité ;
– elle filtre le sang et constitue un réservoir de ce précieux liquide pour le renouveler (en effet : 1 % des globules rouges meurent chaque jour et doivent être remplacés). Elle parvient même à fabriquer des globules rouges ;
– elle joue un rôle important dans l'immunologie, en défendant l'organisme contre les virus, les bactéries, les parasites, les microbes.
Fait étonnant, nous pouvons très bien vivre sans rate alors qu'elle semble remplir de multiples fonctions. En cas d'ablation de la rate, la moelle osseuse, notamment, va produire plus de globules rouges et de globules blancs pour compenser l'absence de la rate. C'est elle qui va assurer en grande partie les défenses immunitaires grâce aux lymphocytes. Sur le plan physiologique, la rate n'a certainement pas livré tous ses secrets.

Quand ils fonctionnent moins bien

☐ Quand le pancréas tire la sonnette d'alarme :

– nous ressentons le désir de manger des aliments sucrés ou gras et de la viande ;

– nous avons soif sans raison apparente ou faim très peu de temps après avoir mangé ;

– l'ingestion d'alcool nous fatigue. C'est à la fois le foie et le pancréas qui sont perturbés ;

– nous avons des troubles digestifs surtout après avoir mangé gras ou sucré ;

– nous subissons les malaises d'une mauvaise digestion une à trois heures après le repas : fatigue, nausées, sueurs ;

– nous sommes indisposés par les odeurs lourdes, comme un parfum très sucré ou une odeur de chou cuit ;

– nous ressentons une douleur dans le dos, à l'omoplate et à l'épaule gauche, sans avoir subi un quelconque traumatisme ;

– certaines personnes peuvent être atteintes d'un déchaussement des dents.

☐ Et quand c'est la rate :

– nous devenons d'une pâleur remarquable et nos lèvres sont blanches ;

– nous sommes sujets aux infections ORL et parfois même pulmonaires. Les moindres coups provoquent des bleus. Et les gencives ont tendance à saigner ;

– des analyses révèlent une carence en fer. À la palpation, le praticien détecte la présence de petits ganglions sous les bras, derrière les clavicules et les plis de l'aine ;

– la fatigue est profonde, comme celle provoquée par un dysfonctionnement des reins ;

– pendant l'effort, peut apparaître un point de côté gauche. Vers l'âge de 11 à 12 ans, les enfants ont souvent ce point de côté quand ils courent. Cet âge, où le système immunitaire est en pleine mutation, correspond souvent aux crises d'appendicite aiguë. La rate grossit et tire sur le diaphragme. Lors de la course, le diaphragme augmente sa mobilité et tire sur la rate, entraînant l'apparition d'un point de côté ;

– après un effort, nous avons du mal à récupérer.

La personne « pancréas-rate »

J'ai pu observer chez des patients développant des maladies en relation avec la rate et le pancréas que ces deux organes sont difficilement séparables sur le plan émotionnel. Il existe cependant quelques nuances. Pancréas et rate réagissent aux événements lourds qui, de l'enfance à la vieillesse, peuvent bouleverser une vie. Ils sont les absorbeurs des chocs les plus graves.

☐ Le stress inacceptable

Marguerite, jeune grand-mère de trois petits-enfants, porte une adoration particulière à sa petite-fille de 7 ans. « Cette petite, c'est tout moi. Je me retrouve en elle quand j'avais son âge », aime-t-elle à dire. Un mercredi, elle passe la prendre chez elle pour aller au cinéma. Durant le trajet, la petite est sagement assise sur le siège arrière du véhicule. Sur une ligne droite, un camion qui les précède stoppe brutalement. Une poutrelle de ciment est projetée hors du camion et traverse la voiture de Marguerite de part en part du côté droit où se trouve la petite qui est tuée sur le coup. Chagrin, angoisse et culpabilité frappent Marguerite de plein fouet. Une semaine après l'accident, elle contracte un diabète.

Le diabète

Il existe de nombreuses formes de diabète, le plus connu étant le diabète sucré. C'est une maladie liée à une sécrétion insuffisante ou à une mauvaise utilisation de l'insuline produite par le pancréas, se traduisant par une mauvaise régulation du sucre dans le sang. Le taux de sucre (glycémie) monte dans le sang et dans les urines. La personne malade boit sans arrêt, urine beaucoup, mange trop et souffre souvent d'affections cutanées, d'infections, de problèmes circulatoires, oculaires et rénaux.

C'est le pancréas, grâce à l'insuline qu'il sécrète, qui régule le taux de sucre dans le sang et dans le corps quand la glycémie est trop élevée. Chez Marguerite, on ne trouve aucun indice de cette maladie dans la lignée familiale. Le déclencheur a été le stress hors normes qu'elle a subi. Depuis, elle est insulino-dépendante et souffre de diabète.

☐ **Les deuils non acceptés**

Lors d'un décès, d'une séparation déchirante, d'une catastrophe naturelle, d'un accident d'une grande violence, d'un attentat, nous devons faire front, réfléchir sur la signification possible de nos douleurs et de l'événement, et travailler pour les accepter comme faisant partie de notre vie. Ce travail psychologique peut se faire seul ou avec l'aide d'un thérapeute. Rate et pancréas réagissent aux deuils qui sont refusés. Marie-Christine a perdu son mari et répète à qui veut l'entendre : « Ce n'est pas juste, nous formions un couple si uni ! Je ne pourrai jamais l'accepter. » Quelques mois après le décès, elle développe une leucémie. La rate et le pancréas ont des connexions vasculaires très étroites. Une atteinte de l'un de ces organes affecte fréquemment l'autre. Dans le cas de Marie-Christine, le choc s'était répercuté sur la rate, provoquant un effondrement des défenses immunitaires. Elle réalise alors qu'avoir refusé de faire le deuil de son mari l'avait totalement déstabilisée physiquement. À l'heure actuelle, elle est totalement guérie. Certes le traitement a fait son effet, mais l'assistance psychologique qu'elle a reçue a été déterminante. « C'est curieux, explique-t-elle, j'ai senti à quel moment précis ma tête a aidé mon organisme. » Parce qu'elle avait réussi à faire son deuil, son corps se sentait mieux. « Faire son deuil » ne veut pas dire que l'objet du bouleversement émotionnel a été effacé, mais que la perte de l'être cher a été acceptée et intégrée au chemin de vie.

☐ La rencontre avec sa mortalité

Notre civilisation du jeunisme et du paraître, du zapping et de la consommation nous occupe beaucoup et nous empêche de penser à la mort. Nous faisons l'autruche ! Nous avons beau savoir qu'elle est inéluctable, nous retardons le plus possible le moment d'y réfléchir profondément et sérieusement. Subir un traumatisme physique ou une agression, vivre une situation où l'on frôle la mort sont des chocs énormes pour ceux qui avaient jusqu'alors fermé les yeux sur le sujet. On dit souvent : « Réussir sa vie, c'est accepter sereinement l'idée de mourir. » Cette pensée est assez restrictive mais elle aide à prendre conscience du chemin à parcourir. Lorsqu'on n'a jamais réfléchi à l'inéluctabilité de la mort et que l'on s'y trouve confronté, la rate et le pancréas peuvent réagir en réalisant moins bien leurs fonctions respectives. La personne va faire des infections répétées, sera très fatiguée, même au repos, son organisme aura du mal à régler sa glycémie et elle aura une soif inextinguible.

☐ La confrontation avec la violence physique

L'idéal est de vivre dans une société paisible où chacun s'active en harmonie, où la relation avec les autres se tisse sans heurts, en famille, dans ses occupations et relations professionnelles et sociales. Hélas, souvent, la réalité est bien différente. Pour certains, la violence peut prendre un caractère extrême. Subir la violence d'une personne ou d'un groupe d'individus atteint au plus profond de soi. De telles situations inacceptables déclenchent des réactions immédiates comme des vomissements, des diarrhées, des tremblements. Mais elles ont également des retentissements sur nos points faibles (notre « maillon faible ») ou sur des organes particulièrement réceptifs comme la rate et le pancréas. Ces derniers vont réagir comme des bombes à retardement (infections répétées, mauvaise régulation de la glycémie, soif impossible à calmer).

☐ Une vie non satisfaisante

Nicolas s'est marié jeune avec une étrangère qui ne voulait pas vivre en France. Il a quitté son pays, sa famille, ses amis pour la rejoindre. Au début, il a mal vécu ce déracinement total, puis s'est apparemment adapté à sa nouvelle vie. Cependant, plusieurs années après son « exil », sans raison apparente, il a été atteint d'une pancréatite. Laissant pour un temps femme et enfants, il est rentré en France se faire soigner. Entre autres thérapeutes, il est venu me consulter. Il m'a confié à plusieurs reprises : « Je n'ai pas la vie que je voulais, dès le départ je me suis planté. Je me suis efforcé de faire correspondre ma vie à la décision que j'avais prise, mais ce choix, je n'ai cessé de le regretter. » Le fait de se retrouver en France l'avait mis face au dilemme crucial : vivre en France ou vivre en famille. Je ne connais pas la décision prise par Nicolas. Je ne l'ai pas revu. Quoi qu'il en soit, il m'était très difficile d'apporter une solution à ce type de problème tout à fait personnel.

☐ Une enfance meurtrie ou volée

En général, nos souvenirs d'enfance sont empreints d'affection, de protection et de tendresse. Mais parfois, pour des raisons familiales ou sociales, des manquements, des dévoiements, des distorsions de comportement, ils deviennent tout au contraire terrifiants, violents, destructeurs, ravageurs. Selon les situations et selon les caractères, certains enfants réagissent avec fatalisme, d'autres avec rage et détermination. Chantal a la quarantaine, elle a toujours connu sa mère en dépression nerveuse sévère : crises d'abattement suivies de crises d'excitation, tentatives de suicide, hospitalisations répétées, alcoolisme chronique... Rien ne lui a été épargné. Elle raconte ses difficultés mais avoue : « Malgré tout, j'ai toujours adoré ma mère. » Chantal se plaint de douleurs abdominales. Une échographie révèle de nombreuses petites calcifications du pancréas, sans raison physiologique, mais compréhensibles par rapport à son vécu.

Gros plan sur la rate

Certaines réactions viscérales s'apparentent plus spécifiquement à la rate mais la barrière avec le pancréas est extrêmement ténue.

☐ Le pessimisme profond

Il ne s'agit pas d'un pessimisme réactionnel, en réponse à un problème précis, mais d'un pessimisme dominant et habituel dû à un dysfonctionnement inné ou acquis de la rate. C'est la personne qui voit tout en noir et toujours le mauvais côté des choses. Dès qu'elle entame une démarche ou une action, elle se dit : « Ça ne marchera pas, je n'ai pas de chance, ça a toujours été comme ça, il n'y a pas de raison que ça change. » C'est épuisant pour son entourage qui finit par baisser les bras après avoir trop longtemps tenté de lui donner un moral de vainqueur.

☐ La tristesse profonde

Comme le pessimisme évoqué ci-dessus, la tristesse est omniprésente. La personne porte toute la misère du monde sur ses épaules. La petite lumière qui pétille dans les yeux de la plupart d'entre nous s'est affaiblie chez elle. On ne sait pas pourquoi. L'énergie n'y est plus. La personne est gentille, affable, mais elle manque d'enthousiasme et réagit de façon atone aux joies comme aux peines. En apparence, plus rien ne la touche, mais au fond, elle reste sensible. Ce n'est pas vers elle qu'il faut aller si vous voulez que l'on vous remonte le moral.

☐ Le désespoir, le chagrin inconsolable

Quand tout va mal, quand les forces de réaction nous quittent, nous sommes submergés par l'abattement, la désespérance. La situation fait souvent suite à des événements cruels et inacceptables. Si la rate fonctionne moins bien, nous n'avons pas l'énergie suffisante pour accepter, nous battre et nous en sortir. Heureusement, ces situations extrêmes sont rares. Claire et Jean étaient des alpinistes chevronnés. Presque tous les week-ends, quand le temps le permettait, ils escaladaient les sommets européens. Un jour, Jean, qui était tête de cordée, fit une chute devant Claire, juste au-dessous de lui. Elle eut une chance incroyable de ne pas être entraînée avec lui. Elle vit Jean se balancer au bout de sa corde, inconscient, jusqu'à l'arrivée des secours, quelques heures plus tard. « C'est horrible, témoigne-t-elle, j'ai entendu sa tête craquer. » Jean n'a pas survécu à l'accident. Claire a souffert d'un infarctus de la rate qui lui a laissé des douleurs au niveau de l'abdomen et de l'épaule gauche, typiques de ce type d'atteinte de la rate.

☐ Un remords dévorant

Pierre a assisté avec sa famille à une agression dans le métro. Trois individus s'acharnaient sur un homme à coups de batte de base-ball et il n'est pas intervenu. Il en éprouve toujours un lourd remords. Pour se justifier, il déclare : « Rendez-vous compte, les contrôleurs de train ou de métro préviennent toujours les usagers de ne pas intervenir lors d'une agression dans le train mais seulement de tirer la sonnette d'alarme. Imaginez-vous dans cette situation, qu'auriez-vous fait ? » Ce que Pierre a le plus mal supporté lors de cette scène tragique, c'est le regard interrogateur et suppliant de ses enfants qui semblaient lui dire : « Mais pourquoi tu n'interviens pas ? Tu es un adulte, tu es fort, tu nous as toujours dit qu'il était important d'aider les autres… » Ses proches s'évertuent à le déculpabiliser en lui disant qu'ils auraient agi de la même façon, mais Pierre ne parvient pas à échapper au remords lancinant. Son caractère a changé. Il est devenu taciturne, marqué au fer rouge par le jugement de ses enfants à l'instant donné de l'agression. Depuis cet événement, il fait des infections à répétition, surtout des angines. N'oublions pas que la rate est l'un des éléments clés des défenses immunitaires.

Les traumatismes graves de l'enfance

« Nous aurions tant aimé avoir un garçon. » Cette phrase entendue à maintes reprises de la bouche de ses parents a bouleversé l'enfance de Claude. À la cinquantaine, elle s'avoue toujours choquée par l'aveu qui l'a rendue presque coupable d'être une fille. D'ailleurs, ses parents l'ont appelée Claude et non Claudine ou Colette, de vrais prénoms de fille. « C'est curieux, dit-elle, mes parents ne se sont pas rendu compte du mal qu'ils me faisaient et du dommage qu'ils me causaient en disant cela. Je suis mariée, j'ai deux grands enfants, mais parfois, lorsque par exemple je me regarde dans la glace, je ne peux m'empêcher de me questionner : et si, au fond de moi, j'étais vraiment un garçon ? » Claude souffre d'un lourd problème d'identité. Entendre ses parents répéter « Nous aurions préféré un garçon » est très déstabilisant : « Je me sens coupable d'être une fille, ce leitmotiv est insupportable ! » Claude a souffert d'une mononucléose qui a eu des conséquences sérieuses sur son état pendant des années : fatigue, chute de cheveux, ongles cassants, pâleur intense, muscles déficients. En plus de la nuit, elle devait se reposer deux à trois heures dans l'après-midi. Jusqu'à ce que soit détecté un déficit en lymphocytes, dû à la rate. Grâce à un traitement médical approprié, Claude a pu être soignée et se porte aujourd'hui psychologiquement beaucoup mieux.

Comment en prendre soin

☐ Sur le plan alimentaire

Pour que le pancréas vous aide à digérer les stress, choisissez vos aliments. Diminuez, et si possible éliminez les aliments suivants, trop riches en sucres rapides pour la rate :

– le sucre, le miel, les confitures, les sodas sucrés ;
– le chocolat, les corn-flakes ;
– le pain blanc, les biscottes, les biscuits ;
– le riz blanc ;
– les frites et tous les plats gras ;
– le beurre, le fromage ;
– l'alcool. Attention à la bière ! Elle associe alcool et sucre. Les gros consommateurs peuvent souffrir de pancréatites.

L'insuline sécrétée par le pancréas permet de régler le taux de sucre dans le sang. Plus on mange sucré, plus le pancréas produit de l'insuline, et plus il en fournit, plus l'organisme stocke les graisses. On parle de nos jours d'index glycémique des aliments, c'est-à-dire de la vitesse d'assimilation des sucres qu'ils contiennent. Certains sodas sont les champions, toutes catégories d'aliments confondus. Ce n'est pas uniquement la quantité ingérée qui compte, mais la teneur en sucre rapide (à index glycémique élevé). Ainsi, en théorie, le chocolat noir possède un index glycémique faible, mais tout dépend des sucres et autres éléments qui lui sont ajoutés.

Les meilleurs aliments sont les légumes et les fruits contenant des fibres, car elles ralentissent le passage et l'assimilation des sucres rapides. Elles permettent aussi d'alléger le travail du pancréas et évitent les trop grands écarts de glycémie. Parmi les plus riches en fibres, notons les légumes et les fruits suivants : pommes de terre, haricots, petits pois, épinards, oseille, poireaux, endives, ail, bananes, framboises, cassis, myrtilles, abricots, dattes, pruneaux, noix de coco, pastèques, fruits de la passion.

Les patients ont constaté les bienfaits de certains aliments : pain complet, riz complet, cardon, salsifis, artichaut, pomme et poire acidulées, ananas, mangue, papaye.

Les nutritionnistes conseillent également : les poissons riches en oméga 3, tels que les sardines, le saumon, les harengs ou les rougets ; les fibres solubles (pectine, gomme) qui empêchent les poussées d'hyperglycémie et que l'on retrouve dans les fruits et légumes.

La rate joue un rôle insoupçonné dans l'assimilation du fer. Attention aux carences en fer. Consommez des aliments riches en fer : foie de veau, pommes de terre, lentilles, fruits de mer, poissons, œufs. La rate semble aussi bénéficier d'aliments riches en magnésium comme les amandes, les noisettes, le cacao et le soja.

☐ Sur le plan psychologique

Tout dépend des stress que vous avez vécus. Si ceux-ci sont trop lourds, il vaut mieux consulter un psychothérapeute ou un psychanalyste. Claire, que j'ai déjà présentée, s'est sentie coupable d'avoir proposé le parcours fatal à son époux. Elle a consulté un thérapeute pendant six ans. Je l'ai aidée également en libérant toutes les tensions que son corps avait mémorisées. Aujourd'hui, Claire pratique à nouveau l'alpinisme.

En cas de stress moins importants, pour chasser les idées noires, il n'y a rien de mieux que les bons moments de la vie, vos amis, les loisirs, la culture… Profitez-en. Appréciez également les gens qui savent vous entourer. Fréquentez le plus possible des personnes apaisantes et positives et sachez dire non aux autres. Allez au théâtre, au cinéma, faites du stretching, de la danse, de la musique. Arrangez votre intérieur : des pièces gaies, claires, des posters vous invitant au rêve, aux voyages, changez l'emplacement de votre lit.

Nous avons tous cet instinct animal, ce sens de la tanière qui nous fait préférer un endroit dans la cuisine, dans le séjour et dans la chambre. Placez-vous à différents endroits d'une pièce et vous constaterez que vous vous sentez plus serein dans certains que dans d'autres. Tout corps humain produit et reçoit un champ électromagnétique. Ne réfléchissez pas et mettez-vous là où vous vous sentez bien.

L'intestin
Un si long chemin

C'est l'organe le plus long de notre corps. Environ 8 m dont 6,5 m d'intestin grêle et 1,5 m de gros intestin. La muqueuse intestinale, particulièrement celle de l'intestin grêle, est marquée de nombreux replis qui augmentent la surface de contact avec le chyme (les aliments transformés en bouillie par l'estomac) afin d'optimiser l'absorption des nutriments. Dans l'intestin grêle, les mouvements intestinaux sont constants : le chyme est ainsi mélangé jusqu'à 16 fois par minute. L'intestin mue. Ses cellules situées sur la surface intérieure se renouvellent tous les deux jours. Il est un récepteur-émetteur d'émotions ultrasensible : 100 millions de neurones le relient au cerveau. Une super-connexion !

Son fonctionnement

☐ Un absorbeur-réabsorbeur

En corrélation avec les autres organes du système digestif, l'intestin absorbe tout ce qui, dans le bol alimentaire, peut
être utile à l'organisme. Il assimile les graisses, de même
qu'il aide à dissoudre le cholestérol. Lorsque le chyme quitte
l'intestin grêle, la plupart des nutriments ont été absorbés. Le
gros intestin réabsorbe l'eau du chyme, qui, de liquide,
devient solide et forme les matières fécales consistantes.
N'oublions pas que le système digestif, de la bouche à l'anus,
laisse passer 7 litres d'eau par jour. L'intestin en réabsorbe
une grande partie qui passe dans le sang et la lymphe. Cela
explique l'efficacité des suppositoires.

L'intestin absorbe certaines vitamines comme la vitamine B12 et la vitamine C ainsi que les sels minéraux. Avec
le foie, il contribue à éliminer les hormones sexuelles, ce qui
fait que l'intestin est dépendant du cycle hormonal. Cette
hormono-dépendance serait la cause de la plus grande
fréquence des problèmes d'intestin chez les femmes.

En fragmentant les graisses, la bile et les sécrétions du
pancréas facilitent le travail d'assimilation de l'intestin. Pour
que l'intestin fonctionne bien, il faut d'abord que foie et pancréas assurent leur rôle.

Quand il fonctionne moins bien

☐ Des ballonnements

Trop réactif, ou irrité, l'intestin produit de l'air et provoque des ballonnements. Le port d'une ceinture ou d'un
pantalon trop serré devient problématique. Supportable le
matin, intolérable l'après-midi.

☐ Un ventre tendu et crispé

L'intestin est un muscle qui remplit sa fonction par une succession permanente de contractions. Quand il fonctionne mal, il suscite des crampes abdominales.

☐ De la fatigue matinale

Fatigue du matin, chagrin de l'intestin. Cette fatigue matinale est cependant moindre que la fatigue provoquée par un problème de rein ou de pancréas. Souvent accompagnée de mauvaise humeur, elle a tendance à s'évacuer dans la journée.

☐ Des reflux et des éructations

La tension de l'intestin et la présence d'air empêchent le diaphragme de se mouvoir à son aise. Dans ce cas, l'éructation est le meilleur moyen de relâcher l'abdomen. Certaines personnes en abusent. Cela devient parfois un tic. Lorsque l'intestin repousse le diaphragme vers le haut, ce dernier attire en même temps la jonction entre l'œsophage et l'estomac vers le haut. La pression intrathoracique étant négative, elle attire l'acide chlorhydrique de l'estomac vers l'œsophage et déclenche des brûlures de l'œsophage.

☐ De la constipation et des hémorroïdes

Les matières fécales stagnant trop longtemps dans le conduit intestinal deviennent dures et difficiles à expulser. Pour certains, le tracas de la constipation tourne à l'obsession, et même à la phobie. Les matières non rejetées deviennent un obstacle à une bonne circulation veineuse et lymphatique. Elles compriment les veines qui se dilatent et forment des hémorroïdes. Rappelons que les véritables stimulateurs de l'intestin sont d'abord le foie et ensuite le pancréas. Le matin, après le petit déjeuner, la dilatation de l'estomac et une stimulation de l'évacuation biliaire et pancréatique provoquent l'envie d'aller à la selle. L'intestin est précis comme une horloge. Avant c'est trop tôt, après c'est trop tard ! Si vous avez raté le bon moment, c'est le début de la constipation.

☐ Des diarrhées

Elles sont souvent dues à une émotivité trop importante qui stimule le système sympathique, celui qui excite la plupart de nos organes. Ne prenez pas froid au ventre, cela entraîne souvent une diarrhée. Faites attention aux alternances constipation-diarrhée et aux selles noires (si vous n'avez pas mangé de réglisse). Parlez-en à votre médecin.

☐ Des spasmes et des crampes musculaires

N'oublions pas que l'intestin est un très long muscle. À la suite de contrariétés, il peut rester contracté : les circulations artérielle, veineuse et lymphatique sont alors diminuées, ce qui gêne l'absorption des sels minéraux et des oligo-éléments. Privés de ces apports essentiels, les muscles ont tendance à se spasmer et à se tétaniser à leur tour.

☐ Spasmophilie et fibromyalgie

Ce sont des syndromes que l'on rencontre plus fréquemment chez les femmes. Pour les Dr Curtay et Razafimbelo[1], la spasmophilie correspond à un caractère génétique qui

---

1. Dr Jean-Paul Curtay et Dr Rose Razafimbelo, *Le Guide familial des aliments soigneurs*, Paris, Albin Michel, 2005.

touche 18 % de la population. La fibromyalgie ou « syndrome de fatigue chronique » correspond, elle, à une faiblesse extrêmement intense durant plus de 6 mois et résistant au repos. L'hormono-dépendance intestinale en est l'une des causes. Pour soigner spasmophilie et fibromyalgie, l'une des premières choses à faire est de traiter l'intestin par une diététique et une activité physique adaptées. Notons que la spasmophilie n'existe pas chez les Anglo-Saxons et l'on en parle de moins en moins en France. Il semble que la raison en soit culturelle. La fibromyalgie suscite plus d'intérêt que la spasmophilie.

☐ Des douleurs articulaires

Ces douleurs surviennent plus précisément au niveau des lombaires, des genoux et des pieds. Il y a souvent une relation entre un problème fonctionnel de l'intestin et l'*hallux valgus*, appelé plus communément « oignon ». La relation entre intestin et *hallux valgus* est une constatation clinique (étonnante par sa fréquence).

☐ Des ongles striés et cassants

On retrouve aussi cette caractéristique chez les personnes qui ont des problèmes de reins. Ce pourrait être dû à un défaut d'assimilation du calcium, du magnésium et du zinc.

La personne « intestin »

L'intestin est l'un des organes forts de la somatisation. Il est fréquemment tendu, ballonné ou irrité. Parcouru par 100 millions de neurones, il est très finement et fortement connecté au cerveau. Ses correspondances émotionnelles sont parfois contradictoires et paradoxales. Elles accompagnent les excès physiologiques : constipation ou diarrhée. La sensibilité émotionnelle de l'intestin est aussi plus grande chez la femme.

☐ **Un fort besoin de sécurité et de protection**

« Protégez-moi » ou « Je veux vous protéger », voilà ce que dit l'intestin. Il évoque la protection que l'on veut recevoir et celle que l'on veut donner. La personne « intestin » a besoin de sécurité et de protection, pour elle et pour les autres. En protégeant les siens, elle se protège. C'est l'exemple type de la mère hyperprotectrice, extrêmement attentive à ce qu'il n'arrive rien à ses enfants. Elle prévient tous les dangers. « Attention à la marche ! Attention aux allumettes ! Attention à la route… ! » Mais l'action de mise en garde et de protection passée, elle retrouve ses doutes et son anxiété. Elle donne l'illusion d'être forte et dissimule sa fragilité derrière cette apparence. Elle affiche une fausse assurance pour mieux cacher son anxiété.

Le maternage s'exerce parfois au-delà des enfants et inclut le conjoint qui devient aussi l'enfant à protéger. Marie-Odile, mère de cinq enfants, est une femme admirable. Elle mène sa maison de main de maître. Son mari vient me consulter pour un lumbago très douloureux. Elle l'accompagne. Dès la première question posée, c'est elle qui répond. Normal ! Elle gère son monde aussi bien à l'extérieur qu'à la maison. Ce qui est intéressant, c'est que le mari ne s'en offusque pas alors qu'il sait que ce serait plutôt à lui de répondre. Il accepte son intervention et la regarde même avec admiration. Femme « intestin » qui a besoin d'être protégée, mais femme de tête qui sait s'imposer.

☐ Un grand besoin de parler

La personne « intestin » parle beaucoup. Cela peut aller jusqu'à la logorrhée. Ses paroles comblent les vides qui l'obligeraient à affronter son anxiété profonde. On peut remarquer que plus elle est anxieuse, plus elle parle. Carole vient me consulter pour la première fois. Elle n'est pas encore assise qu'elle a déjà commencé à me raconter son histoire. Je dois l'interrompre pour constituer sa fiche. « Si vous le voulez bien, donnez-moi quelques renseignements sur votre état civil. Comment vous appelez-vous ? » Elle donne son nom et enchaîne immédiatement sur un problème qui lui est arrivé la veille. Sans que je puisse intervenir, elle ne cesse d'argumenter, faisant les questions et les réponses, cherchant à convaincre et à se donner raison. Elle semble s'être lancée dans une joute verbale en solo. Devant mon air ébahi, elle finit par réaliser l'incongruité de la situation et s'excuse : « Je parle toujours trop et trop vite, mais c'est plus fort que moi. » La consultation peut commencer. Il n'est pas bon dans ce métier d'avoir des *a priori*, mais l'intestin me semblait vraiment être la partie faible de cette patiente, ce qui a été confirmé par l'interrogatoire et la palpation.

☐ Une grande fidélité

La fidélité de la personne « intestin » n'est pas uniquement conjugale. Elle s'adresse également à ses associés, à ses amis, à ses thérapeutes, à son coiffeur… Elle construit son monde, bien à elle, comme une protection. Cela la rassure. Marie-Pierre est l'illustration type de la femme « intestin ». Elle me consulte depuis très longtemps, au moins une ou deux fois dans l'année. Chaque fois, elle m'apporte un croissant et un gâteau et les pose sur mon bureau en me disant : « Allez, mangez-les, vous êtes trop maigre et vous travaillez trop. » Pour un peu, elle serait tentée de renverser les rôles pour me donner, elle, une consultation ! J'ai plusieurs fois essayé de la diriger vers d'autres praticiens, mais elle revient systématiquement à mon cabinet en disant : « C'est vous qui savez me soigner, pas un autre ! »

☐ **Une méticulosité remarquable**

Chez la personne « intestin » (qui est souvent une femme), tout est propre et bien rangé. Sa maison est parfaitement tenue. Cela peut confiner à la maniaquerie ou à l'obstination. Elle ne peut rester assise deux minutes. Il faut qu'elle range, qu'elle lave, qu'elle frotte, qu'elle essuie… C'est une active qui a besoin de se dépenser pour se sentir bien. On peut lui confier une tâche, elle s'en acquittera à la perfection.

☐ **Obstination**

Active et méticuleuse, la personne « intestin » est aussi très déterminée. En langage populaire, on peut dire que « lorsqu'elle a une idée dans la tête elle ne l'a pas ailleurs ». Persévérante jusqu'à l'obstination ! Martin a rejoint une association caritative qui s'occupe de familles en désarroi moral et financier. Comme il a une formation de juriste, il est rapidement devenu indispensable à l'association. Mais il est entré en conflit avec la présidente. Leurs avis divergent. Elle ne veut pas suivre sa ligne de conduite, et lui s'obstine à lui faire admettre la marche à suivre. Il y dépense beaucoup d'énergie. Les tensions sont répétées. Sans autres symptômes préalables, un jour, Martin souffre d'une petite hémorragie rectale. Le diagnostic médical est rassurant : ce ne sont que des diverticules provoqués par le stress. Alors, sachant qu'il n'aura pas gain de cause avec la présidente et que lui-même ne lâchera pas, il préfère se séparer de l'association que de remonter au créneau. L'intestin étant alors moins spasmé, les diverticules posèrent moins de problèmes.

☐ Un important besoin de convaincre

Le besoin de convaincre est lié à celui d'avoir toujours raison. La personne « intestin » ne comprend pas que les autres ne veuillent pas la suivre dans ses idées ou ses décisions. De plus, nous savons qu'elle est dotée d'une grande énergie. Alors, quoi de mieux que de la dépenser au service de ses idées et de ses convictions !

☐ Une tendance à l'hypocondrie

Elle se tourmente en permanence pour sa santé. Au moindre bobo ou petit malaise, elle suspecte une maladie. Elle pose des questions à son entourage et guette les réactions. Elle cherche le moindre indice pour confirmer ses craintes : « Je le savais, j'ai quelque chose de grave et vous ne voulez pas me le dire. » L'hypocondrie est cyclique, les symptômes changent et les maladies avec, mais le comportement reste le même. Sa peur de la maladie est obsessionnelle et la projection qu'elle en fait sur ses proches tient souvent du chantage affectif. Elle n'hésite pas à glisser une petite phrase du genre : « Même si je suis malade, je m'occupe d'abord de vous. » Pour l'hypocondriaque, le vrai problème n'est pas de guérir, mais de se donner de l'importance par ses maux. Une manière d'attirer l'attention sur soi.

☐ Une tendance à l'exagération et à un peu de théâtralité

Face à une peine ou à une joie, la personne « intestin » a tendance à en rajouter un petit peu et sans malice. Généralement la personne en fait trop pour rassurer et convaincre les autres, mais surtout pour se rassurer et se convaincre elle-même. Dans la joie, elle exprime son trop-plein d'énergie. Dans la souffrance, elle veut dire : « Ne vous inquiétez pas, je souffre mais je m'en sortirai, tout ira bien. » Même pour ceux qui connaissent bien la personne, il est difficile de faire la part des choses entre sentiments profonds et théâtralité.

☐ ... Un peu d'obsession

Les détails prennent de l'importance. À trop voir le millimètre, on voit moins le mètre. Le fonctionnement de l'intestin devient un problème obsessionnel, voire phobique. Le moindre changement de lieu ou d'habitude se traduit par une constipation qui est vécue comme un drame. La personne a tendance à en rajouter sur ses problèmes intestinaux comme sur ses maladies en général. Elle projette son obsession sur les siens. Si un enfant est constipé, il a systématiquement droit à tout un éventail de conseils et de soins.

☐ Une certaine rigidité

C'est une personne qui a des principes. Pour elle, « ça se fait » ou « ça ne doit pas se faire ». Et quand ça ne doit pas se faire, il n'est pas question de déroger à la règle. Inutile de chercher à la faire s'éloigner des rails. L'éducation de ses enfants est par exemple très stricte. Cette tendance à la psychorigidité se retrouve dans le comportement méticuleux ou l'obsession du rangement et de la propreté. Cependant, en sachant bien les prendre, ce sont des personnes que l'on peut réussir à faire plier ou « craquer ». Elles ont une telle demande affective !

☐ Une tendance à la cyclothymie

Son humeur n'est pas constante. Elle peut passer en quelques heures, parfois moins, de la bonne humeur joviale à l'irritabilité pour un rien. Hélas, un petit détail cloche et tout change de coloration. La personne sait confusément qu'elle a changé d'humeur, mais elle ne peut s'empêcher d'être désagréable.

☐ Une grande générosité…

La personne « intestin » aime rendre service. Même s'il lui arrive de se plaindre parfois de ne pas avoir de retour, elle montre une générosité sincère. Elle y trouve un réconfort et une protection. En donnant aux autres, elle évite de s'apitoyer sur son propre sort. Elle peut se vouer à des associations caritatives ou humanitaires.

☐ Une certaine susceptibilité

Sensible et vulnérable, la personne « intestin » est susceptible. Elle se vexe facilement. Nous avons tous nos petits points faibles sur lesquels il ne faut pas venir nous titiller sous peine de réaction démesurée. Mais tout particulièrement la personne « intestin » ! Elle est susceptible pour elle mais aussi pour les siens. Alors, attention à ce que vous lui dites. Si vous tombez au mauvais moment, vous verrez un visage bonhomme se transformer en masque figé et le sourire faire place à la colère froide.

☐ Un penchant à la paranoïa

Lorsqu'elle n'est pas en forme ou qu'il y a une petite anicroche dans son organisation, la personne « intestin » a l'impression d'être victime d'une cabale. Heureusement, c'est un sentiment à petite échelle. En méforme, il lui arrive de penser que sa famille intrigue ou se ligue contre elle. En forme, ses mauvaises impressions ont tôt fait de s'envoler. Elle veut tellement qu'on la suive dans ses idées et ses actes.

Comment en prendre soin

☐ Sur le plan alimentaire

Certains aliments sont très connus pour produire des fermentations :

– les haricots, les petits pois, le chou, les pois chiches, les oignons, les artichauts, les champignons, les poireaux (ils contiennent du soufre). Il est préférable de les manger cuits, soit à la vapeur, soit dans l'eau mais en changeant l'eau une fois en cours de cuisson. Mâchez-les longuement, les enzymes contenus dans la salive les rendent plus digestes ;

– certains fromages en fonction de leur maturation, comme les fromages de chèvre trop faits.

Selon la quantité de pesticides qu'ils contiennent, les aliments irritent l'intestin. Prenez l'habitude de fréquenter les marchés de producteurs ou les magasins bio au moins une fois par semaine. Les grandes surfaces commencent à s'intéresser à ce créneau de vente.

Le stress et les saisons ont également une influence sur la tolérance intestinale.

Chez une femme, l'intestin réagit différemment selon la phase du cycle hormonal. Il est plus intolérant à certains aliments en phase prémenstruelle et lors de la ménopause.

Si vous êtes constipé

L'idéal est de manger des légumes et des fruits riches en fibres. Nous l'avons noté, il est préférable de les préparer cuits à l'eau ou à la vapeur. Sélectionnez ceux que vous supportez le mieux et qui vous paraissent efficaces parmi les suivants : poireaux, endives, haricots, épinards, courges, agrumes, raisins, bananes, ananas frais, rhubarbe. La palme d'or revient aux figues. Rien de tel pour stimuler un intestin paresseux. En cas de constipation, il est intéressant d'alterner le chaud et le froid. Prendre par exemple un café après un sorbet.

☐ Sur le plan physique

• Marchez et marchez encore : pour bien fonctionner, les 8 à 9 mètres d'intestin ont besoin d'activité. La marche est un excellent stimulant pour brasser le contenu de l'intestin et éliminer l'air qu'il contient.

• Faites des mouvements respiratoires. Le diaphragme, le muscle qui nous fait respirer, agit comme un massage abdominal. Faites quelques séances de respiration abdominale avec un kinésithérapeute pour apprendre les mouvements de base.

• Surveillez votre colonne. Un blocage vertébral lombaire, un problème discal, un choc sur le coccyx peuvent provoquer des troubles intestinaux, surtout du type constipation. N'hésitez pas à faire vérifier votre colonne vertébrale par un ostéopathe.

☐ Sur le plan psychologique

• Apprenez à vous reposer et à vous relaxer. Le ménage peut bien attendre quelques minutes : mettez un peu de musique, allongez-vous, relâchez vos muscles et laissez la musique vous envahir.

• Pourquoi toujours courir ? Ralentissez le pas, vous verrez combien de détails vous ont échappé parce que vous alliez trop vite, chez les personnes rencontrées et les endroits parcourus.

• Efforcez-vous de ne pas penser au pire quand votre conjoint voyage ou que vos enfants sont à l'école. Pensez plutôt à vous.

• Apprenez à parler plus lentement, laissez les autres s'exprimer. Écoutez-les d'abord, et ensuite, prenez la parole. En parlant trop, on étouffe les autres et on les décourage de parler.

Les reins
Deux faux frères

Physiologiquement, sur le plan de leur fonction d'élimination, les reins sont deux vrais jumeaux. Mais, émotionnellement, ce sont deux faux frères. Chacun perçoit des émotions différentes et chacun les gère à sa façon.

Leur fonctionnement

Le rein gauche et le système génital partagent une grande partie de leur circulation veineuse et lymphatique. Si bien que si l'on veut avoir un effet sur l'un, il faut impliquer l'autre. Cela expliquerait que le rein gauche est lié à la sexualité et à la génitalité. Le rein droit est plutôt dépendant du système digestif. Situé sous le foie, il lui est souvent associé. Il lui sert de trop-plein.

☐ **Ils gèrent l'eau de notre corps**

Le corps humain est composé de 70 % d'eau. Nos reins se chargent du maintien de l'équilibre et de la répartition de cette eau. En symbiose avec les autres organes, ils contrôlent le volume sanguin et la tension artérielle. Ils veillent à la bonne mesure des taux de sodium, de potassium, de calcium, de phosphore et de bicarbonate dans notre organisme.

☐ **Ils éliminent nos déchets**

Les reins filtrent plus de 1 500 litres de sang et produisent environ 1,5 litre d'urine par jour. Un très gros travail ! La totalité du volume sanguin est épurée en 24 heures. Ils éliminent l'eau et le sel afin que nos tissus ne les retiennent pas en trop grande quantité. Si la fonction se fait mal, il y a des risques d'œdème. Ils éliminent également les déchets et les toxines produits par nos cellules. On peut dire qu'avec le foie, les reins sont les grands épurateurs de notre corps. Ils transforment les protéines (qui proviennent pour la plupart de la viande et des fromages) en urée et en acide urique. Ils excrètent certains déchets solubles comme les déchets azotés, les hormones et les médicaments.

☐ **Ils fabriquent quelques hormones**

Attention, les reins n'ont rien à voir avec la fabrication des hormones sexuelles. Il s'agit d'hormones comme la rénine, qui agit sur la tension artérielle. Ils jouent également un rôle dans la synthèse de la prostaglandine (qui a un effet sur l'utérus, le système digestif, les bronches et la douleur).

☐ **Et d'autres fonctions...**

Ils stimulent la formation des globules rouges et de la vitamine D et permettent de conserver le glucose.

Quand ils fonctionnent moins bien

☐ **Des symptômes dès le petit matin**

Lorsque les reins ont trop de protéines et de toxines à éliminer, et en cas d'infection, voici les signes qu'ils présentent :
• Fatigue profonde dont on se débarrasse mal.
• Sommeil peu réparateur.
• Peau qui garde le pli quand on la pince.
• Yeux cernés, supportant mal la lumière.
• Paupières enflées.
• Peau du visage fripée, teint cireux.
• Cheveux ternes et sans tenue.
• Lombalgies plus fortes le matin. Elles s'atténuent dans la journée.
• Sensation de faim désagréable, comme si elle déclenchait des crampes d'estomac.
• Impression de marcher sur des aiguilles en sortant du lit.

☐ **Des symptômes qui persistent**

• Jambes et pieds enflés, parfois même le matin au réveil.
• Frilosité fréquente. Appréhension de l'eau froide.
• Tendance à porter et à appuyer les pouces ou les paumes contre la colonne lombaire pour soulager les reins. Cela soulage une lombalgie d'origine rénale alors que l'effet est souvent contraire pour un problème vertébral.

• Tension artérielle variable. Plutôt basse au début des dysfonctionnements et haute en cas de chronicité.

• Douleurs lombaires la nuit alors que les lombalgies d'origine mécanique diminuent en position allongée.

• Poussées de pessimisme.

• Poussées de vives douleurs dans le ventre ou dans le dos, signifiant une présence de sable (microlithiase) dans l'urine excrétée par les reins. La douleur est de courte durée, mais entraîne très souvent une grosse fatigue.

• Urines troubles à forte odeur d'ammoniac.

☐ **Plus spécifiquement pour le rein gauche**

Comme le système veineux des organes génitaux est en relation étroite avec celui du rein gauche, toute infection génitale a une répercussion sur le rein gauche. En ostéopathie, on agit toujours sur les deux pour obtenir de meilleurs résultats.

☐ **Plus spécifiquement pour le rein droit**

On dit qu'il est le trop-plein du foie. Lorsque foie et rein droit fonctionnent mal en même temps, c'est que l'organisme n'a plus beaucoup de possibilités de compenser. La personne se sent alors très fatiguée et psychologiquement très mal, au point d'avoir généralement besoin d'une aide thérapeutique.

Les calculs. Les reins ne parviennent plus à éliminer certains déchets qui se cristallisent en calculs. Ces derniers peuvent aussi se former dans l'uretère ou dans la vessie. Ils sont souvent évacués par l'urine, sans symptômes ; mais parfois ils provoquent une douleur intense, comme un coup de poignard.

Les descentes de rein ou « ptôses rénales ». Les reins sont des organes qui n'ont pas d'attaches très solides. De plus, du fait de leurs fortes densité et compacité, ils sont très sensibles aux ondes de choc produites par les traumatismes qui peuvent même provoquer des microfractures. Ils sont entourés de graisse qui, à la fois, les protège et les maintient. Voici les principales causes de ptôses rénales :

– les chutes sur le coccyx ;
– les traumatismes importants ;
– les amaigrissements trop rapides ;
– l'état de faiblesse et de dépression ;
– les suites d'accouchement (voir en fin de chapitre) ;
– les suites chirurgicales ;
– les toux chroniques.

La personne « rein »

☐ Des réserves d'énergie profonde

Quelle est la différence entre énergie profonde et énergie superficielle ? Supposez que vous ayez un bon rhume, le nez qui coule, rouge et irrité à force de vous moucher, des chauds et des froids qui vous rendent patraque. Et des gens qui vous disent comme pour en rajouter : « Ça n'a pas l'air d'aller très fort ! » Certes, vous êtes fatigué, mais du repos et un bon régime alimentaire vont rapidement vous remettre sur pied. Vous avez juste perdu momentanément un peu d'énergie superficielle. L'énergie profonde est celle que nous avons en réserve et qui nous aide à sortir des grosses difficultés physiques et émotionnelles. Une maladie grave, un trouble familial, une dépression puisent au fond de nos réserves, vont chercher dans notre énergie profonde pour nous en sortir. Les reins sont les

organes correspondant à cette énergie et plus particulièrement le rein gauche.

☐ Un fort potentiel de puissance

Distinguons puissance et énergie. Cela fonctionne comme
un courant électrique. La puissance fournit l'énergie. Nous
possédons un potentiel initial qui n'est pas le même pour
tous. C'est cruel à dire mais nous ne sommes pas égaux en
énergie. À chacun son moteur ! Certains moteurs, à même
puissance, ne fournissent pas la même énergie. Quand ils
fonctionnent moins bien, les reins consomment beaucoup
d'énergie.

☐ La peur existentielle

C'est celle qui est ancrée en nous. Elle est profonde et
ancestrale. Nous la portons certainement dans nos gènes. Il
n'y a pas de vie sans peur et cela depuis la nuit des temps.
La peur du feu, de l'eau, des tremblements de terre ou de la
foudre, des catastrophes, des blessures, de la mort... Cette
peur existentielle est enfouie au plus profond de nous, prête
à ressurgir à la moindre alerte un peu sérieuse. Quand le
maillon faible du corps est le rein, la peur existentielle est
plus ancrée et plus problématique.

☐ La peur réactionnelle

C'est celle qui est provoquée. Elle est violente, intense
et intimement liée au vécu d'un événement à forte conno-
tation négative. Joseph est un bon conducteur mais, un soir
d'hiver et de mauvais temps, le verglas a raison de sa dex-
térité. Dans un virage, il perd le contrôle de son véhicule qui
dérape, franchit le parapet et s'arrête au bord du précipice,

deux roues dans le vide. Sentant la voiture prête à basculer, Joseph reste cramponné au volant, n'osant plus bouger. Il se passe plus d'une heure avant que des automobilistes lui viennent en aide, retenant à plusieurs l'arrière du véhicule pendant qu'il s'en extrait. Le lendemain, Joseph a 40 °C de fièvre et une grosse infection urinaire, la première de sa vie. Il a subi le contrecoup de la peur intense vécue au-dessus du vide, face à l'incertitude de s'en sortir vivant.

☐ La peur de l'abandon

Nous sommes dotés d'un affect si développé que, dès notre tendre enfance, nous avons besoin d'être entourés. Par notre mère d'abord, puis par ceux que nous aimons dans notre cercle intime : nos parents et aïeuls, notre conjoint ou partenaire. Plus tard, nos propres enfants. Être abandonné, c'est s'abandonner un peu soi-même. « Si l'autre m'abandonne, je perds mes repères, je me perds, je suis perdu ! C'est pour ça que j'ai si peur. » C'est tellement plus agréable d'être en sécurité ! Quand on se sent abandonné à tort ou à raison, les reins peuvent réagir sous forme d'infection, de calcul, d'hypertension.

☐ Un sentiment d'insécurité important

La personne « rein » ne se sent jamais en sécurité. Elle essaie de refouler cette angoisse qui ne demande qu'à ressurgir en fonction des circonstances, en étant très active : par exemple, en travaillant trop pour assurer la sécurité matérielle des siens, ou, sur le plan affectif, en prenant toutes sortes de précautions qui perturbent la relation de couple, qui ne peut être fondée sur la peur.

☐ Une colère profonde

Rien à voir avec la colère que nous exprimons lorsque par exemple un de nos enfants perd les clés de la voiture que nous lui avons confiées, ou endommage par manque d'attention les livres de collection que nous lui avons prêtés. Comme la peur existentielle, elle est tapie au fond de nous. Elle gronde tel le magma au fond d'un volcan. C'est une colère de revendication, de frustration. Elle met en action le système sympathique, celui qui excite et stimule. Déjà bébé, Patrick piquait des colères d'une rare intensité. Rien ne le calmait : « Dans ces moments, on avait l'impression qu'il s'en prenait à la terre entière », commente sa mère.

Aujourd'hui adulte, il continue à faire des colères violentes et irraisonnées. Pour tenter d'en finir, il entame une thérapie. Il est très lucide sur son comportement : « J'ai en moi une force de revendication aussi énorme qu'une vague de fond, involontairement destructrice. Il m'arrive même parfois d'en vouloir à mes parents d'exister, mais je ne peux dire pour quelles raisons. » Le suivi psychologique lui permet de domestiquer un peu mieux ses colères. Mais il semble aussi que son entourage s'est adapté en prenant du recul et en évitant de l'affronter. En s'éloignant volontairement d'une personne en colère, on ne se laisse pas atteindre psychiquement. Patrick, très curieusement, ne souffre pas directement de ses reins, mais pendant la grossesse de sa mère, du fait qu'il était mal positionné, celle-ci souffrit de trois pyélonéphrites (infections) dont elle lui a souvent parlé.

La première fois qu'il est venu me consulter, mes doigts étaient toujours attirés vers ses reins : « Vous n'avez pas de problème de rein ? – Non, pas à ma connaissance. » Le même phénomène se reproduisit à la deuxième consultation, et c'est à ce moment-là que Patrick me parla des infections rénales de sa mère : « Je ne sais pas pourquoi, mais chaque fois qu'elle m'en parlait, je me sentais responsable. » Patrick venait consulter pour des douleurs lombaires, présentes surtout le matin. Lui et sa mère ont reparlé clairement de ce problème plusieurs fois. Ces conversations ajoutées à nos soins ont réglé le problème.

☐ Le besoin de se surpasser

Un héros posséderait-il deux énormes reins ? Une boutade pour dire que la personne « rein » montre de temps à autre la nécessité de se surpasser, de repousser ses limites, de s'engager. Elle en fait presque trop. Elle a besoin de se prouver qu'elle est capable de faire face à des épreuves difficiles. Le dépassement de soi est dans sa nature. Cela peut aller de la petite performance sportive à l'acte de courage insensé, en passant par la recherche intellectuelle ou spirituelle ou le comportement stakhanoviste au travail. Ce n'est pas toujours pour prouver aux autres (comme nous l'avons vu pour l'estomac), c'est pour soi. Elle a cette force en elle. Comme Ghislaine, qui habite en montagne. Lors d'un trajet en voiture avec son fils handicapé, elle fait une fausse manœuvre. La voiture se renverse dans un fossé plein d'eau. L'eau s'infiltre dans l'habitacle et commence à monter dangereusement. « J'ai pensé que mon fils allait se noyer et j'ai été prise d'une rage folle, explique-t-elle. Je ne sais pas où j'ai trouvé les forces mais je suis sortie par la portière qui était hors de l'eau et je me suis acharnée pour sortir la voiture de l'eau. » Lorsque les pompiers alertés sont arrivés, ils n'ont pas compris comment un petit bout de femme comme elle avait pu bouger une voiture de près d'une tonne. « Rien n'aurait pu m'arrêter, confie Ghislaine, j'ai libéré une énergie et fait preuve d'une puissance qui venaient de mes reins et qui m'ont étonnée moi-même ! D'ailleurs, chaque fois que je rencontre des difficultés, je me concentre sur la région rénale et je me sens plus forte. »

☐ La force généreuse

La générosité lui est naturelle. Immanquablement et spontanément, la personne « rein » vient en aide aux autres, en toutes circonstances. On peut également compter sur elle pour animer un groupe, une fête, une association... Quel entrain !

☐ Le besoin de dominer

Pleine d'entrain et d'allant quand ses reins vont bien, elle est aussi convaincue de son bon sens et veut ardemment en convaincre les autres. La personne « rein » accepte mal qu'on la contredise et qu'on ne la suive pas dans ses idées et ses projets : elle ressent alors des douleurs lombaires qui ne sont pas liées à des problèmes vertébraux mais aux reins ; ces douleurs peuvent aussi bloquer sa respiration. La force de conviction est son bouclier, une forme de protection sans justification. L'attitude est impulsive. Généralement, la conviction confirme les leaders dans leurs pulsions et leur donne la force d'agir. Mais ce n'est pas pour autant que l'assurance est en eux. Au contraire, le plus souvent, le doute les habite.

☐ Un pessimisme cyclique

Autant la personne « rein » peut être pleine d'entrain et d'allant, autant elle peut se montrer fatiguée et pessimiste. Quand ses reins fonctionnent moins bien, elle perd une grande partie de l'énergie qu'elle a naturellement en elle.

☐ Plus spécifiquement, le rein droit

Sur le plan émotionnel, le rein droit sert à évacuer les trop-pleins du foie. On retrouve donc les mêmes caractéristiques.

☐ Plus spécifiquement, le rein gauche

Ce dernier étant en symbiose avec le système urogénital, il se fait l'écho de la sexualité et de la sensualité. Attention, lorsque nous parlons de sexualité, nous ne nous restreignons pas à l'acte sexuel proprement dit. Nous évoquons plus largement un potentiel, c'est-à-dire l'ensemble des phénomènes relatifs à l'instinct sexuel et à sa satisfaction. Ils sont en nous, même si nous ne les concrétisons pas. Quant à la sensualité, elle correspond à l'attachement de la personne aux plaisirs des sens et aux sensations érotiques.

La « génitalité » ou le potentiel de reproduction. Ce néologisme est employé par différents auteurs. Nous ne sommes pas sûrs de lui donner tous la même signification. Pour moi, la génitalité définit le potentiel relatif à la reproduction : la reproduction qui est à l'origine de notre propre existence en même temps que le potentiel de reproduction que nous possédons. Là encore nous parlons de potentiel et non de reproduction entendue comme finalité. Chacun a le pouvoir de procréer. Ce potentiel, chacun l'exploite ou non. Des femmes « reins » sans enfants ont avec leurs proches des comportements maternels plus forts que certaines mères biologiques.

L'énergie de l'instinct sexuel. Le rein gauche est le partenaire privilégié de la force de la féminité ou de la masculinité. Un potentiel que nous portons en nous et que (comme pour la génitalité) nous utilisons plus ou moins. Certaines personnes n'ont pas de partenaires sexuels mais conservent une grande énergie de l'instinct sexuel et une sensualité manifeste. Je me souviens d'une religieuse qui venait me consulter pour des infections à répétition du rein gauche. Elle dégageait une très grande féminité : quand elle marchait, se déplaçait, elle occupait l'espace avec beaucoup de charme et ses mouvements empreints de grâce naturelle attiraient le regard. Elle en était consciente mais avait choisi de se dévouer à Dieu corps et âme et en parlait assez librement : « J'aurais été une femme tout aussi aimante et enthousiaste si j'avais épousé un homme. C'est une énergie qui est en moi et j'ai choisi de la consacrer à Dieu. J'en suis pleinement heureuse. »

☐ **Le lien biologique aux géniteurs**

C'est la relation fondamentale de tout être humain. Personne ne peut renier ou dénier le lien qui le retient et l'unit à son géniteur, que ce dernier nous convienne ou pas. En effet, certaines personnes peuvent être en conflit permanent avec leurs parents ou l'un d'eux, mais une force irrésistible les ramène toujours vers eux. Certains enfants adoptés n'ont de cesse de retrouver le lien avec leurs géniteurs et ils s'y emploient avec une telle détermination qu'ils peuvent développer des dysfonctionnements rénaux. Marie-Hélène est une enfant de la DDASS qui aujourd'hui, selon la formule consacrée, a tout pour être heureuse. Un niveau de vie confortable, deux enfants très bien mariés, des occupations qui la captivent… Et pourtant ! Elle a dépensé une fortune et passé quinze ans de sa vie à retrouver les traces de son père. Lorsqu'elle a abouti, il était mort depuis deux ans. Mais le plus important pour elle était la confirmation de son existence et de son identité. « J'ai instantanément ressenti une délivrance. Le fait de voir sa photo m'a emplie d'un sentiment inexplicable. Je ne sais comment le nommer. Peut-être le sentiment de filiation que j'avais refoulé, l'idée qu'il m'était devenu indispensable de matérialiser l'image de mon père. Alors physiquement, quelque chose s'est relâché en moi, surtout au niveau de mes reins. Je n'ai plus eu d'infections rénales. »

Comment en prendre soin

☐ **Sur le plan physique**

• Évitez les positions assises prolongées.
• Attention aux longs voyages. En avion, il faut se lever au moins toutes les heures. En voiture, il faut s'arrêter sur les aires de repos et marcher un peu.

☐ **Sur le plan alimentaire**

• À éviter ou à diminuer :
– les protéines animales, surtout le soir : viande rouge, fromage, lait, charcuterie, dérivés du lait (yaourts, crèmes, petits suisses…), fruits de mer, abats (foie, rognons, langue), charcuterie ;
– le sel, que l'on peut remplacer par des fines herbes. Vérifiez la composition chimique des aliments et boissons. L'industrie alimentaire a tendance à saler beaucoup pour flatter le goût et créer une addiction. On trouve du sel même là où on n'y pense pas : dans les confitures, les sodas, les plats cuisinés par exemple ;
– les eaux minérales gazeuses riches en sodium ;
– les viandes trop grasses ou mijotées au jus gras ;
– la bière en excès. En petite quantité, elle est diurétique, mais au-delà de deux ou trois verres, elle fatigue les reins.

À savoir

Attention à certains médicaments, notamment les anti-inflam-matoires. Il est indispensable de lire attentivement les notices pour s'informer sur les effets indésirables.

• À conseiller :

– buvez souvent mais peu à la fois. Attention aux idées reçues qui préconisent de boire 2 à 3 litres par jour sans tenir compte des paramètres physiologiques et de l'activité de chaque individu, de l'humidité et de la chaleur ambiante. Une personne de 80 kilos n'a pas les mêmes besoins qu'une personne de 50 kilos. Un sportif ou un travailleur de force boit plus qu'une personne statique. L'important est de boire selon sa soif, en petites quantités et de préférence tiède. Se forcer à boire trop fatigue les reins. Un fond de verre de jus de pamplemousse frais avec beaucoup d'eau est excellent pour les reins. Faites-vous des tisanes diurétiques. Elles le sont toutes mais plus particulièrement la tisane de thym, de romarin, de vulnéraire ou de queues de cerises. Durant l'effort, surtout s'il s'agit d'un effort d'endurance, buvez par petites quantités. Il existe un risque d'accumulation de toxines dans l'organisme ou de calculs pour une personne aux reins sensibles ne buvant pas assez pendant un effort. De plus, du fait de la transpiration, les urines sont très concentrées et moins fluides ;

– mangez des poireaux ou de la papaye (qui facilitent l'élimination), des pommes de terre, des épinards, des endives, des courgettes, des pommes, des pample-mousses…

– mangez des fruits et légumes riches en fibres (pommes de terre, haricots, petits pois, épinards, oseille, poireaux,

endives,...). Ils sont bons en toutes circonstances. Ils empêchent par exemple la déshydratation.

☐ **Après un accouchement**

Pendant la grossesse, il arrive que le bébé comprime les
reins de la maman, provoquant des douleurs lombaires et
des infections urinaires. Les douleurs irradient souvent dans
les cuisses et même les genoux. Les reins ne sont pas,
comme les autres organes, fermement attachés par des ligaments. Ils sont maintenus en place par la tonicité des
muscles de l'abdomen. Sous l'effet d'hormones, cette tonicité diminue pendant la grossesse. Les efforts considérables
de poussée lors de l'accouchement ajoutés au relâchement
du tonus musculaire entraînent un glissement des reins vers
le bas. Le rein droit est plus facilement touché car, situé sous
le foie, il est naturellement positionné plus bas que le rein
gauche. Un rein situé plus bas que sa place normale a tendance à se congestionner. Il élimine moins bien et fabrique
plus facilement du sable ou des calculs. Un ostéopathe peut
intervenir en mobilisant les reins. Les manipulations ont
pour effet de décongestionner les reins et de leur faire retrouver une meilleure mobilité. Notre but n'est pas de les repla-
cer, mais de les rendre plus fonctionnels.

☐ **Après les chutes sur les fesses**

Elles sont nombreuses et hélas, font souvent rire les
témoins, mais pas leurs victimes. Elles peuvent être lourdes
de conséquences. Douleurs lombaires, chute de tension,
ptôse vésicale et utérine, maux de tête, etc. S'il y a ptôse
rénale, un ostéopathe peut agir à la fois sur le coccyx, la
colonne et les reins.

□ **Sur le plan psychologique**

Apprenez à maîtriser et à dominer votre peur et vos colères. Faites bien la différence entre la peur existentielle et celle que vous ressentez face à un danger. La peur enfouie en vous peut s'extérioriser par la colère et l'agressivité. Évitez les situations qui risquent de vous déstabiliser brutalement, progressez pas à pas. Mylène, une de mes patientes, a toujours eu peur dans le noir au point de ne pas oser franchir le pas de la porte de sa villa une fois la nuit tombée. Un soir, elle en eut assez et s'appliqua chaque nuit à faire quelques pas autour de sa maison, dans le noir complet. « Au début, explique-t-elle, je n'arrivais même pas à respirer et je courais. Ensuite, à chaque pas que je faisais, j'inspirais intensément pour me concentrer sur le bruit de ma respiration. À force, je n'entendais plus les bruits de la nuit. Depuis, je n'ai plus de problèmes, et j'applique cette technique quand je sens que je vais me mettre en colère. La respiration permet de bien relâcher, d'abord son corps, puis sa tête. »

La vessie
Un contrôle sans relâche

La vessie est située en arrière du pubis. Elle collecte l'urine produite par les reins et provenant de l'eau que l'on boit ou que l'on ingère par les aliments. L'eau s'est chargée en toxines au cours de son cheminement dans le corps. Après avoir été traitée par les reins, l'urine s'écoule dans la vessie de manière constante et en petite quantité. La vessie se remplit peu à peu et se distend. Lorsque le volume d'urine atteint 35 cl (un peu moins d'un demi-litre), nous ressentons le besoin d'uriner. La vessie peut contenir jusqu'à 80 cl d'urine. Les reins produisent environ 1,5 litre d'urine par jour.

Son fonctionnement

☐ Un réservoir à clapet

Le sphincter urétral, comme un robinet, maintient en permanence la vessie fermée. C'est ce qu'on appelle la continence. Nous décidons par acte volontaire d'ouvrir le clapet pour pouvoir uriner. Nous relâchons le sphincter le temps d'uriner. Si nous ne parvenons plus à le contrôler, c'est que nous rencontrons des problèmes d'incontinence. Le clapet s'est distendu et il se produit des fuites d'urine à l'effort, lorsque l'on rit ou que l'on tousse. Les femmes sont plus fréquemment sujettes aux problèmes d'incontinence ; après des grossesses difficiles, des accouchements trop rapides ou forcés, des opérations de l'abdomen, des chutes sur le coccyx. Leur bassin étant plus large que celui des hommes, la vessie a plus de place pour se mouvoir et se déplacer. De même, l'utérus, fréquemment en rétroversion, entraîne avec lui la vessie vers le bas du bassin.

Quand elle fonctionne moins bien

☐ Des problèmes d'incontinence

L'incontinence est accompagnée d'une nette sensation de ne plus contrôler suffisamment son sphincter. L'envie d'uriner est fréquente et laisse l'impression de ne pas avoir complètement vidé sa vessie. On ressent une pesanteur dans le bas-ventre. Elle est souvent due à des suites d'accouchement où les tissus ont été malmenés, aux interventions chirurgicales, aux toux chroniques, aux traumatismes physiques, à la ménopause, aux dépressions, à la sédentarité et à l'âge.

☐ Des infections

L'urètre de la femme est cinq fois plus court que celui de l'homme et proche de la partie anale. Cette caractéristique est à l'origine d'infections urinaires (cystites) plus fréquentes chez la femme. Certaines femmes ont aussi des reflux d'urine entre la vessie et les uretères (canaux qui vont des reins à la vessie).

☐ Des brûlures

Ce sont en général des cystites, le plus souvent sans germes.

☐ Des crampes

La vessie est un muscle. Par conséquent, elle se contracte et a parfois du mal à se relâcher. On ressent à la fois une pesanteur et une lourdeur au-dessus du pubis.

☐ Et chez les hommes ?

Ils n'ont pas, comme les femmes, des problèmes d'incontinence à l'effort, sauf dans certains cas de problèmes prostatiques ou d'atteinte neurologique. Les femmes ont à l'origine un bassin plus large, avec une orientation des têtes des fémurs différente, ce qui peut causer une déstabilisation de la vessie. Les grossesses et les accouchements, surtout, créent des tensions mécaniques sur la vessie qui l'entraînent souvent vers le bas et provoquent une incontinence. De plus, quand l'intestin est tendu, spasmé et plein d'air, chez les femmes, du fait de la largeur du bassin, il appuie plus largement sur la vessie et la repousse vers le bas.

La personne « vessie »

☐ L'organe de l'éducation

Il n'est pas toujours simple de séparer sur le plan émotionnel la vessie des organes génitaux. Chez la femme, la signification émotionnelle de la vessie est plus facile à analyser. La vessie se ressent de la pression éducative subie dans l'enfance, surtout quand l'éducation s'approche d'une forme archaïque de dressage qui joue sur le registre « punition/récompense » et entraîne immanquablement culpabilisation et frustration. L'éducation stricte, la discipline, les interdits et vieilles croyances ont développé chez la femme des peurs et des culpabilités incontrôlées, comme la peur de son corps ou la peur de ne pas être propre. Ces tensions influent sur la vessie et provoquent inflammations et autres problèmes.

☐ L'importance du contrôle

La vessie faisant l'objet d'un contrôle quasi permanent, elle en devient le symbole et dicte des comportements du type : ne pas lâcher prise, ne pas se laisser aller, rester sous contrôle. La femme « vessie » est réservée, effacée, timide, plutôt soumise. Indécise, elle a des difficultés à s'exprimer. Elle culpabilise facilement car, dans son enfance, ses parents lui ont plus inculqué la notion de devoir que celle de droit. On lui a certainement appris à être serviable et plus attentive aux autres qu'à elle-même. Certaines éducations ont ajouté avec plus ou moins d'autorité un chapelet de tabous tels que « les plaisirs du corps sont suspects » ou « la sexualité est condamnable ». Ces éducations ont formé de bonnes épouses, soumises à leur mari, mais souvent des femmes insatisfaites et inhibées qui cachent des culpabilités non résolues et refoulent leurs sentiments réels. Dans la rue, la personne « vessie » marche à petits pas ; en société, elle occupe mal son espace car elle a peur de gêner les autres.

☐ Chantage affectif et culpabilité

Durant la phase éducative de la vessie chez le petit enfant, qu'il soit garçon ou fille, cet organe fait souvent l'objet d'un chantage affectif inconscient de la part des parents et que l'on peut caricaturer en ces termes : « Si tu es propre, tu es gentil avec papa et maman », « Si tu n'es pas propre, tu n'es pas gentil avec eux ». Et, à cet âge-là, c'est tellement important de faire plaisir à ses parents ! Leur déplaire à ce sujet, c'est comme faire une grosse bêtise qui déclenche leur colère. Ce chantage réitéré peut entraîner chez l'enfant des déséquilibres du comportement urinaire et psychologique. La culpabilité est la suite logique du chantage affectif. À l'âge où la propreté est difficile à acquérir et pendant tout le temps de l'éducation de la vessie, l'enfant se sent facilement coupable s'il ne donne pas satisfaction à ses parents. Cette culpabilité entretenue se révélera plus tard à l'âge adulte. Une de mes patientes, Sylvie, a deux enfants qui manifestement n'ont pas réussi socialement comme elle l'espérait. « J'ai fait tout ce que j'ai pu, dit-elle, mais je sais que c'est ma faute. Eux n'y sont pour rien. » En écho aux tribulations socioprofessionnelles de ses enfants, Sylvie fait des cystites à répétition. Étonnamment, aucun examen ne révèle une cause réelle, une trace d'infection. Les cystites sont directement déclenchées par les contrariétés que Sylvie a au sujet de ses enfants.

☐ Obéissance et soumission

On dit souvent qu'un interdit est fait pour être bravé ! Le défi n'est pas à la portée de tous. Pour certains, l'affrontement n'a pas lieu, ils préfèrent s'effacer. La soumission s'exerce face à celui qui montre de l'autorité : le père, l'employeur, le mari, un ami… La femme « vessie » a horreur des tensions et fait tout ce qu'elle peut pour les éviter.

☐ La pudeur, un défaut d'éducation ?

La pudeur n'est pas uniquement due à la pression éducative ou relationnelle. Les enfants n'ont pas de pudeur particulière jusqu'à la puberté, âge auquel elle prend toute son importance. L'adolescent se couvre, ferme la porte de la salle de bain à double tour, demande à sa mère de ne pas le laisser devant la porte du lycée, de ne pas l'embrasser devant les copains… C'est une période où le corps se transforme et, par là même, la vision de la société et de la famille devient autre. L'adolescent perd ses repères corporels et relationnels. Si les messages transmis pendant la petite enfance l'ont été sur le thème de la culpabilisation, cela peut être dévastateur. Et même lorsque l'adolescent a réussi à accepter son propre corps, il lui faut encore accepter celui de l'autre…

☐ La timidité cyclique

Certaines personnes sont timides par nature, en toutes circonstances. La personne « vessie » est timide par épisodes, en fonction de ce que les autres lui renvoient mais aussi en fonction de ce qu'elle ressent dans son propre corps. Une patiente me consulte pour des lombalgies cycliques qui ne semblent pas dues à des problèmes mécaniques. La palpa-

tion de la partie basse de l'abdomen révèle une très forte tension musculaire : « Comment se fait-il que vous soyez si tendue à ce niveau ? Ressentez-vous des douleurs pelviennes ?
– Non je n'ai pas de douleurs, mais j'ai parfois des petites fuites et je me contracte pour les éviter. »

Pour aborder plus librement les problèmes d'incontinence, il est souvent préférable de commencer par parler de douleurs abdominales. Alors, elle se confie : « Quand j'ai des incontinences, je rentrerais dans un trou de souris. Je sens que je me replie sur moi-même, je n'ose pas croiser un regard. J'ai honte. Oui c'est ça, j'ai honte. » Après quelques séances de manipulations de la vessie et des lombaires, les troubles disparaissent : « J'ai retrouvé aisance et sourire », affirme-t-elle en me regardant droit dans les yeux. À l'heure actuelle, les femmes s'expriment plus aisément à ce sujet devenu de moins en moins tabou. Elles savent que la rééducation, l'ostéopathie et, dans les cas extrêmes, la chirurgie, peuvent supprimer les désagréments des petites fuites et leur apporter un confort immédiat.

Comment en prendre soin

☐ Sur le plan physique

• Il est important d'avoir une bonne colonne vertébrale, mobile et souple. Tous les nerfs de la vessie sont issus des vertèbres, du sacrum et du coccyx. Attention aux chutes sur le coccyx, elles sont redoutables : consultez sans hésiter un ostéopathe.

• Toute chirurgie de l'abdomen crée des adhérences pouvant avoir des répercussions sur la vessie. La kinésithérapie, l'ostéopathie et la gymnastique peuvent libérer ces adhérences.

• Un excès de poids, surtout concentré sur l'abdomen, empêche la vessie d'avoir une bonne mobilité et la refoule vers le bas.

• Ayez un bon appui des pieds, car nous avons vu des patientes souffrir d'incontinence après un traumatisme des membres inférieurs (entorse, fracture). À force de mal marcher, les forces mécaniques déséquilibrent la vessie.

☐ Sur le plan alimentaire

• D'abord, buvez souvent et peu. L'excès d'eau collecté par la vessie augmente la tension de ses parois et sa pression interne. Ne restez pas la vessie pleine : à force, les muscles de la vessie vont s'épaissir et aussi augmenter sa pression intérieure.

• Buvez des eaux pauvres en sodium.

• Modérez votre consommation de sel et faites attention aux boissons et aliments acides, viandes rouges, abats, charcuterie, coquillages.

• Attention à la constipation, elle est l'ennemi de la vessie : la partie basse de l'intestin, située contre la vessie, peut augmenter sa pression et pousser vers le bas.

☐ Sur le plan psychologique

• Essayez les thérapies qui vous aident à occuper votre espace, à lutter contre la timidité et la peur d'affronter les autres. En dehors des psychothérapies, le chant et la danse sont d'excellentes activités pour avoir un bon maintien. Se tenir droit est la première des thérapies. Marchez en vous tenant droit, les épaules bien en arrière, d'abord chez vous, ensuite à l'extérieur et enfin en regardant bien les autres dans les yeux.

• Essayez de sortir du système récompense-punition, de la sévérité ou simplement du message délivré par les parents : « Tu dois être gentil(le), tu dois être propre pour faire plaisir à papa et maman. » Ce message plonge la personne « vessie » dans la culpabilité et le besoin d'être toujours serviable et de bonne humeur. De plus, craignant énormément le jugement des autres, elle doit faire un gros travail sur elle pour ne pas se sentir responsable de tout, pour avoir droit à des états d'âme et pour sortir du rôle de la petite fille encore sous la domination de ses parents.

Les organes génitaux
L'origine et le futur

Les organes génitaux (vagin, utérus, ovaires, trompes, prostate, pénis, testicules, seins) constituent le système sexuel et reproducteur de la femme ou de l'homme. Il s'agit d'un système très élaboré qui différencie homme et femme, organise leur complémentarité et leur rencontre pour la continuité de l'espèce humaine. Ce qui est formidable dans les mécanismes de cette réciprocité entre homme et femme, c'est que la procréation peut se faire dans la jouissance (puisque tel est le terme) et la fusion de deux êtres, expressions de bien-être et d'amour partagés. Activité de plaisir et de création, le fonctionnement harmonieux de la sexualité serait par analogie, pour certains, l'apanage des esprits féconds.

Leur fonctionnement

Le système génital fonctionne sous la dépendance d'hormones sécrétées par le cerveau et les glandes surrénales (toutes petites glandes situées juste au-dessus des reins). C'est un monde très subtil dans lequel les stimulations hormonales sont produites par des sécrétions qui peuvent être de l'ordre du millième de milliardième de gramme. On peut parler d'extrême précision ! En considérant le registre émotionnel de la femme, en dehors des seins, il est difficile de faire une distinction précise entre les organes génitaux. Utérus et ovaires semblent réagir aux mêmes causes psychologiques. Certains stress font varier brutalement la production hormonale de l'hypophyse et peuvent provoquer des saignements immédiats de l'utérus. En général, les dérèglements de la sphère génitale sont commandés par le cerveau. Il existe cependant des causes locales : les affections gynécologiques dues aux accouchements, aux interventions chirurgicales, aux infections, aux chutes, aux problèmes de colonne vertébrale et de coccyx.

Chez l'homme, c'est indiscutablement la prostate qui est l'organe génital le plus exposé.

☐ La femme ou le yin

En médecine et philosophie chinoises, le yin est l'élément cosmologique féminin et le yang l'élément masculin. Le yin est plus marqué par la passivité alors que le yang se manifeste par le mouvement. Mais yin et yang sont indissociables. On retrouve cette dualité au niveau physiologique. Commandés par le cerveau, les ovaires produisent des œstrogènes, de la progestérone (yin) et une petite quantité de testostérone (yang). Ces hormones déterminent les caractéristiques secondaires de la femme en termes de morphologie : largeur du bassin, développement de la poitrine, épaisseur et texture de la peau, pilosité pubienne, etc.

Les œstrogènes. Fabriquées par les ovaires, ce sont des hormones dérivées du cholestérol (il est partout !). Notons que les surrénales et le placenta en produisent aussi un peu. Le foie élimine les œstrogènes sous forme de cholestérol qui, en retour, a tendance à l'intoxiquer. Paradoxalement, les œstrogènes font baisser le taux de cholestérol. Cela expliquerait pourquoi les femmes, du fait de leur activité œstrogénique importante, sont peu sujettes aux maladies coronariennes avant la ménopause. En revanche, ils augmentent la viscosité de la bile et ralentissent son excrétion. Ils exposent donc la femme au risque de calculs biliaires, particulièrement en seconde partie de cycle, du 14e au 28e jour. On les incrimine aussi dans le développement de l'ostéoporose.

La progestérone. Produite surtout par les ovaires et un peu par le placenta, elle prépare le corps de la femme à enfanter. Elle contribue au développement de l'utérus et des seins. Son rôle est primordial pendant la grossesse entre autres, facilitant la dilatation des vaisseaux dans le but d'une meilleure alimentation du fœtus.

L'ovule. C'est l'élément femelle arrivé à maturité et contenu dans l'ovaire. La femme détient un stock de 2 millions d'ovules dès sa naissance. Elle n'en fabriquera pas d'autres. À la puberté, elle n'en a plus que 400 000. Les ovules restent inactifs de la naissance à la puberté et sont aptes à la procréation de la puberté à la ménopause. Environ 400 000 ovules : cela peut paraître beaucoup, mais c'est peu en comparaison des 80 millions de spermatozoïdes présents en général dans une seule éjaculation. La maturation des ovules se fait pendant le cycle ovarien qui, on le sait, est de 28 jours quand tout fonctionne bien. L'ovulation se fait au 14e jour. Chaque ovulation se fait à partir d'un seul ovaire, les deux ovaires travaillant à tour de rôle. Un jour avant l'ovulation, la température du corps augmente d'un demi-degré jusqu'à l'apparition des règles. Certaines femmes au cycle ovarien très régulier se servaient jadis de cette particularité comme moyen de contraception (méthode Ogino). C'était loin d'être fiable à 100 %! Certains ont eu la chance de naître grâce à cette méthode…

L'utérus : le nid de l'embryon. L'utérus est un refuge pour le futur bébé. L'embryon y est protégé, tenu au chaud et nourri. Sur le plan émotionnel, cette notion de refuge est primordiale. L'utérus est également un muscle puissant, capable d'expulser le fœtus, une fois arrivé à terme. Le col de l'utérus sécrète un mucus mettant le fœtus hors d'atteinte des nuisances microbiennes extérieures. Il sécrète aussi la glaire cervicale qui est plus visqueuse pendant l'ovulation afin de faciliter l'ascension des spermatozoïdes vers les ovaires.

□ **L'homme ou le yang**

Chez l'homme, les mécanismes hormonaux sont beaucoup moins complexes que chez la femme. Les testicules produisent de la testostérone et un tout petit peu d'œstrogènes (n'oublions pas qu'il y a un peu de yin dans l'homme et un peu de yang dans la femme). Ce sont de petites usines à fabriquer les spermatozoïdes, mais l'homme actuel tend à en produire de moins en moins pour des raisons difficiles à objectiver : port de pantalons serrés qui augmentent la température des testicules, pollution de l'air et des aliments, stress. Les bourses qui contiennent les testicules constituent des petits compartiments à part protégeant les spermatozoïdes des effets néfastes d'une température trop élevée. En quelque sorte, ce sont deux sacs isothermes (appelés scrotum) permettant de diminuer la température intratesticulaire de 2 à 3 degrés par rapport à l'extérieur. Maintenus à bonne température, les spermatozoïdes sont parfaitement actifs. Quand la température extérieure augmente, les bourses s'allongent et quand il fait froid, elles se raccourcissent. Elles s'adaptent aux changements climatiques. Les spermatozoïdes ont une durée de vie de 2 ou 3 jours et sécrètent des prostaglandines qui stimulent l'ouverture du col de l'utérus ainsi que les contractions de l'utérus et des trompes, actions qui facilitent leur parcours jusqu'à l'ovule.

L'hormone mâle : la testostérone. Pour les deux sexes, les glandes surrénales produisent de la testostérone en petite quantité. La testostérone est un dérivé du cholestérol (comme les œstrogènes chez la femme). Elle donne à l'homme ses caractéristiques morphologiques : épaules plus larges que le bassin, pilosité des membres et du torse, musculature plus développée que la femme, glandes sébacées fonctionnant différemment… Elle agit également sur le comportement. Si vous observez de jeunes enfants dans une cour de récréation, vous constaterez bien évidemment que filles et garçons sont occupés à des jeux très différents : en caricaturant, les garçons se bagarrent et les filles jouent à la marelle ! La testostérone gère la libido, c'est-à-dire le désir sexuel, celui qui, dit-on, fait tourner la tête des hommes, et auquel nous ajoutons tout naturellement l'émotion ! Nous avons besoin du cholestérol pour fabriquer cette hormone ; à une certaine époque, on avait tellement fait baisser le niveau de cholestérol de patients qu'ils ont souffert de problèmes hormonaux et immunitaires sérieux.

La prostate. C'est une petite glande en forme de châtaigne qui entoure l'urètre, canal qui va de la vessie à la verge. Ses sécrétions représentent 30 % du volume de l'éjaculation. Elles permettent de diminuer l'acidité vaginale (les spermatozoïdes n'aiment pas du tout l'acidité) et d'assouplir le col de l'utérus pour mieux le pénétrer. On y trouve du sucre (fructose) qui apporte des forces aux spermatozoïdes pendant leur périlleux périple vers les trompes, et des enzymes qui augmentent leur vitesse.

L'importance de l'odorat

Comme les animaux, nous sécrétons, en quantité infinitésimale, des substances chimiques appelées phéromones, capables de déclencher un attrait physique chez nos congénères. Phénomènes naturels qui comptent parmi les raffinements de la création ! Savez-vous qu'un papillon mâle peut sentir une femelle à 10 km de distance ? Apprécions la performance quand on connaît l'envergure d'un papillon dans l'espace ! Tous ceux qui ont des chiens le savent : un mâle renifle une femelle en chaleur à des kilomètres à la ronde. Les abeilles, dont le comportement social très organisé a fait l'objet de nombreuses observations, produisent plusieurs sortes de phéromones permettant de réguler la vie de la ruche. Isabelle Leoncini et Yves Le Conte ont mis ces différentes fonctions en évidence (laboratoire de biologie et protection de l'abeille à l'Institut national de recherche agronomique).

Par exemple, la reine produit des phéromones qui, à certaines périodes, bloquent le cycle ovarien des abeilles afin que ces dernières puissent se consacrer exclusivement aux travaux de la ruche. Ces fameuses phéromones ont un effet sur le développement neuronal et métabolique des abeilles.

Les nourrices, qui butinent ordinairement à l'âge de trois semaines, peuvent être programmées dans cette fonction bien plus tôt, si cela est nécessaire pour la ruche. Nous n'échappons pas à ces fonctionnements instinctifs mais nous en avons perdu la conscience aiguë.

□ **Sentir l'autre**

Les phéromones sont essentiellement sécrétées par les glandes sébacées au niveau des cheveux, des aisselles, des organes génitaux et elles dégagent une odeur subtile, à la limite du quantifiable. Prenons l'exemple de l'ail : son odeur, très forte, se perçoit pour une concentration de l'ordre du dix-milliardième de gramme par mètre cube d'air. C'est dire la finesse de perception de notre système olfactif pour les phéromones dont la concentration est infinitésimale. Depuis très longtemps, les parfumeurs mêlent le musc et autres hormones animales aux senteurs florales ou épicées afin que les parfums jouent leur rôle de séduction.

□ **Les sens en éveil**

Lorsque nous approchons quelqu'un, notre première relation n'est pas verbale mais visuelle et instinctive. Avant même de serrer une main et de dire bonjour, nous percevons des informations sensorielles :
– avec nos yeux, nous saisissons un visage, une allure, des gestes ;
– avec ce que nous pourrions nommer notre « intuition », nous ressentons le champ électromagnétique de celui qui est à côté de nous. On peut l'imaginer comme un halo (chaleur de l'individu ou rayonnement dégagé) qui émane de chaque être vivant. Il est bien réel. Certains évoquent l'aura dans laquelle s'entremêlent rayonnements physiques et psychologiques ;

– avec notre odorat nous sentons l'autre. L'odorat est l'un des tout premiers sens qu'a développé l'homme à l'état sauvage en perfectionnant son instinct de survie. Il savait détecter avec précision et à distance la présence d'un ennemi ou celle d'une femme. L'odeur des cheveux chez une femme n'est pas la même avant et après les règles, preuve que les changements hormonaux se répercutent sur l'odeur que l'on exhale. Des études ont mis en évidence que des femmes vivant en communauté avaient souvent leurs règles en même temps. Les phéromones produites par quelques femmes juste avant leurs menstruations stimuleraient l'hypophyse et l'hypothalamus de l'ensemble du groupe et déclencheraient des règles simultanées.

☐ **Et quand on ne peut pas se sentir !**

« Je ne sais pas pourquoi mais je ne peux pas le sentir ! » Il s'agit d'une expression courante qui évoque des sensations instinctives et souvent inexplicables. En la matière, il est difficile de prouver quoi que ce soit. Nous sommes en présence de molécules de l'ordre du milliardième de gramme, mais nous sommes convaincus qu'elles jouent un rôle important dans notre approche d'autrui, dans notre appréciation et notre connaissance de l'autre.

Quand ils fonctionnent moins bien

Les organes génitaux sont le centre du potentiel de fécondité et de la maternité, de l'attirance physique, des pulsions, des jeux de l'amour, de la satisfaction sexuelle, des plaisirs.

☐ **Chez la femme**

• Des règles douloureuses, anarchiques ou absentes.
• Des odeurs locales inhabituelles.

• Des pertes vaginales, des saignements.
• Des kystes ovariens.
• Des fibromes utérins.
• Des pesanteurs et des douleurs du bas du ventre et des jambes.
• Des lombalgies.
• Des rapports douloureux ou insatisfaisants.
• Une absence de libido.
• Une infertilité, comme nous l'avons déjà souligné.

Le système génital féminin est d'une complexité sans égale par rapport à celui de l'homme. Le système hormonal a de nombreuses répercussions sur l'ensemble de l'organisme. Le syndrome prémenstruel en est l'une des plus belles illustrations : gonflement abdominal, prise de poids, congestion ou sensibilité des seins, maux de tête, nausées, accélération du rythme cardiaque, état subdépressif, hypersensibilité, impressions de chaud et de froid...

☐ **Chez l'homme**

• Une gêne dans le bas-ventre.
• Des besoins fréquents d'uriner.
• Des difficultés à uriner (jet moins puissant, vessie mal vidée).
• Des éjaculations laborieuses.
• Des érections peu efficaces.
• Une libido déclinante.

Dans l'inconscient des hommes, la peur de ne pas être sexuellement « à la hauteur » est forte. Il leur faut souvent du temps pour comprendre que l'acte sexuel n'est pas une compétition chronométrée. Une impuissance partielle ou définitive peut avoir une influence désastreuse sur le psychisme. Très hormono-dépendante, la prostate réagit fortement aux déséquilibres hormonaux. Elle grossit et comprime l'urètre, obligeant l'homme à se lever la nuit pour uriner. Peu à peu, les besoins de soulager sa vessie vont devenir impérieux et à l'inverse, les éjaculations laborieuses.

De l'influence de la ménopause

La ménopause est l'une des grandes étapes naturelles de la vie d'une femme, comme l'est la puberté, à l'adolescence. Vécue sans souci chez les unes ou véritable révolution chez les autres, la ménopause est à l'origine de nombreuses transformations du corps et autres symptômes variables :
– si la femme n'y prend pas garde, la taille a tendance à s'épaissir, les côtes à se rapprocher du bassin, ce qui fait se relâcher les abdominaux ;
– beaucoup prennent plus facilement du poids ;
– certaines subissent un relâchement des tissus de soutien de la vessie et de l'utérus (descente d'organes) ;
– la poitrine se transforme : la baisse hormonale appauvrit le tissu mammaire, mais la masse graisseuse, qui constitue 95 % du volume du sein, augmente ;
– la ménopause a également son lot de bouffées de chaleur, insomnies, nausées, sécheresse vaginale et problèmes circulatoires.
Pas facile à vivre alors que s'ajoute le passage fatidique de la cinquantaine ! Mais il est inutile de paniquer : le tableau que l'on vient de dresser résume tous les inconvénients que peut déclencher la ménopause. Ne vous formalisez pas, vous n'aurez souvent à subir que quelques symptômes et parfois aucun.

☐ Qu'en est-il des maux de tête ?

Certaines femmes ont des maux de tête rythmés par le cycle ovarien. La médecine reste encore relativement impuissante face aux maux de tête d'origine hormonale. À la ménopause, la diminution de la production d'œstrogènes et de progestérone a tendance à les faire disparaître. Revers de la médaille : le cholestérol et les triglycérides augmentent. Les maux de tête d'origine hormonale les plus difficiles à traiter sont ceux qui disparaissent pendant les grossesses.

☐ Le traitement substitutif hormonal, facteur de risque ou de confort ?

Il est difficile d'être objectif. Des études américaines et anglaises, contestées par le milieu médical français, ont mis en relief une certaine dangerosité, notamment dans l'augmentation du risque du cancer du sein. De même il s'avérerait que son influence sur l'ostéoporose serait dérisoire. À l'heure actuelle, les gynécologues s'éloignent de plus en plus d'une prescription systématique. Celle-ci est réservée aux femmes souffrant vraiment de leur ménopause. Gardons pour principe qu'un traitement naturel est préférable à un traitement chimique qui, en général, a une répercussion sur le foie et les reins. De plus, chaque femme réagit différemment. Comment savoir ou prévoir ce qui va se passer à long terme ?

☐ À un tournant de sa vie

La cinquantaine est l'âge où l'on s'attache à sa vraie personnalité, où la vie prend une autre saveur, où l'on a une nouvelle conscience de ses désirs et de ses choix de vie. Cependant, la ménopause aidant, la cinquantaine est aussi l'âge où certaines femmes perdent leurs motivations. Toute ouverture ou ascension professionnelle leur semble moins accessible. Elles pensent ne plus pouvoir évoluer sociale-ment. Elles se sentent coincées, doutent de leurs aptitudes à s'adonner à de nouvelles activités. Les enfants ont grandi et quittent le nid. Elles cherchent à être toujours utiles. C'est pourquoi, souvent, elles passent très vite du statut de mère à celui de grand-mère. Elles développent un sentiment d'im-puissance et de manque d'affection. La force de l'habitude peut transformer la relation maritale qui aura tendance à quitter le registre de la passion pour entrer dans celui de l'at-tachement. Et les enfants ne sont plus là pour combler les quelques manques ! Célibataire à la cinquantaine ou sans enfants, la femme peut être gagnée par la culpabilité, le sen-timent de ne pas avoir rempli totalement sa fonction. Nos-talgique et découragée, elle est tourmentée par l'isolement. Le sentiment de vide affectif est intense. Elle est souvent mal dans sa peau et ne sait que faire de sa vie. Mais sur-tout, je le répète, ne vous découragez pas à la lecture de cet énoncé exhaustif des difficultés possibles. Pour beaucoup de femmes, tout se passe très bien ! Il est important de le souligner.

De l'influence de l'andropause

L'andropause est le terme adopté pour signifier le moment de la diminution de la fabrication de testostérone. Elle n'est pas accompagnée de symptômes physiques aussi évidents que ceux de la ménopause chez la femme. Seulement, par-fois, le désir sexuel se fait moins fort, moins fréquent, sa réalisation plus difficile. En revanche, l'andropause a des répercussions psychologiques car elle correspond souvent à une période de bouleversements professionnels et sociaux.

Plus profondément et plus personnellement, l'homme est atteint dans son image « d'homme ». Le désir de rester jeune est parfois excessif et se manifeste par l'action et la séduction. Il a besoin d'être rassuré, de se sentir encore dans la course. Enclin à garder ses acquis, il ne lâche pas prise et en retire souvent moins de sérénité que la femme au même âge.

☐ « L'âge de la retraite »

Cette expression est toujours lourde de signification. Certains hommes, mal préparés, peuvent éprouver cette mutation comme une mise au ban de la société, démunis de tout pouvoir d'action et d'influence. La retraite (comme en jargon militaire) est alors ressentie comme le signal qui marque la défaite. On bat en retraite ! Plus de victoires possibles et souvent un semblant de frustration au fond du cœur, très difficile à exprimer. Le retraité rentre à la maison, mais risque de s'y enfermer. Au début, il est tout au plaisir de jouir du repos du guerrier, puis peu à peu, insidieusement, les manques s'installent. Plus personne pour le solliciter, lui demander un conseil ou même lui donner un ordre. Par ailleurs, il s'aperçoit qu'à la maison, ça roule sans lui ! Pendant qu'il était tout occupé à son travail, sa femme s'est parfaitement organisée : inutile d'essayer de jouer le chef des travaux finis sur les activités ménagères, le directeur de l'éducation des enfants ou le gestionnaire du réfrigérateur ! On ne l'a pas attendu pour ça. Il doit réapprendre à vivre avec sa femme qui, le plus souvent, est très embarrassée par son omniprésence et s'en accommode mal, habituée qu'elle était à vivre son indépendance. Privé de reconnaissance, il lui arrive de se sentir seul et dévalorisé. Cela le rend malheureux et irritable. Cette période est un virage difficile à négocier et vécu à des degrés émotionnels variables selon les individus. L'homme peut reproduire ce comportement lors d'un licenciement vécu comme injuste.

La personne « génitale », femme ou homme

Homme et femme de type génital éprouvent souvent les mêmes besoins, les mêmes peurs, les mêmes manques, cependant avec quelques particularités.

☐ Le besoin de refuge, de cocon

Nous éprouvons tous un besoin de protection pour nous et ceux qui nous entourent. Il nous est important de créer notre refuge familial comme l'animal sa tanière. Appartement ou maison nous abritent physiquement mais surtout nous apportent l'ambiance familiale désirée. Les personnes de type génital y sont plus particulièrement sensibles. Ce n'est jamais agréable de rentrer dans une maison vide. Tout être vivant nous rassure ; si ce n'est un être humain, un chat ou un chien. Sentir la présence d'un familier est primordial.

☐ Le besoin d'abriter

Celui qui a besoin d'être abrité et de protéger a bien entendu besoin d'abriter les autres. L'attitude est fortement ancrée dans l'inconscient. Jacques a quitté le domicile familial pour des raisons qui nous sont inconnues. Mais il ne peut pas s'empêcher de chercher à savoir ce qui se passe dans son ex-maison. « Même si je ne suis plus là-bas, je veux continuer à gérer les miens », explique-t-il. Cette situation le stresse à un point tel qu'il finit par développer une urétrite et une prostatite, sans explication physiologique. Les inflammations disparaissent lorsqu'il prend la décision de regagner le domicile familial. Pour qu'un déménagement soit bien supporté, il faut que le noyau familial reste uni. S'il y a rupture familiale, rupture d'un couple, décès d'un proche ou départ d'un enfant, c'est plus difficile.

☐ Le besoin de recevoir et de donner

Ce désir est particulièrement important chez la personne de type « génital ». On ne donne pas toujours pour recevoir. Mais le message qui passe lorsque l'on donne est assez similaire à une attente de retour. C'est également une tendance du cœur. Donner de l'amour aux autres, c'est aussi pour en recevoir en échange.

☐ La peur de l'abandon

Comme la personne « génitale » a besoin d'abriter et d'être abritée, elle éprouve une angoisse fondamentale par rapport à l'abandon. Cette peur qui est aussi une caractéristique liée à l'intestin va jouer sur l'un ou l'autre de ses organes, selon la personne et son « maillon faible ».

☐ Plus particulièrement pour la femme

Le besoin de maternité. Ce n'est pas toujours évident pour une femme d'accepter l'infécondité ou la ménopause qui mettent fin au potentiel de maternité. Certaines quinquagénaires, comme nous l'avons évoqué, se projettent avec passion dans leur rôle de grand-mère. L'apparition d'un fibrome utérin pourrait être l'expression du manque de maternité. L'enfant qu'on ne peut plus ou qu'on ne doit plus avoir !

La peur de mal faire et d'être jugée. Elle n'est pas uniquement l'apanage de la personne « génitale » mais, chez cette dernière, le trait de caractère est plus marqué. Être mal jugée équivaut à ne plus être acceptée par les autres, à ne plus être protégée. La personne « génitale » a tendance à penser : « Si je n'agis pas bien, si je déplais, on ne m'aimera plus, on me laissera tomber. » Rien que l'idée lui est insupportable. Se sentant vulnérable, elle sera sans défense et sans ressort. Physiquement, cela peut se traduire par des règles irrégulières, des distensions du bas-ventre, des spasmes de l'utérus et un mal de dos.

La peur de couper le cordon maternel. On ne peut nier le lien profond et unique d'une mère avec ses enfants. À la différence du père, elle porte son enfant. Cette condition crée le plus souvent un lien fusionnel exceptionnel et, par conséquent, plus tard la peur de couper le cordon. Jeanne est célibataire et n'a jamais eu d'enfants. Au fil du temps, elle a reporté son besoin d'amour maternel sur son neveu. Elle va le voir souvent, connaît sur le bout des doigts tous les événements de sa vie. Curieusement, trois mois après le mariage de son neveu, elle découvre une tumeur bénigne du sein. Plus grave, lorsqu'il décide d'émigrer en Australie, elle développe une tumeur de l'utérus. Jeanne semblait vivre ce lien maternel projeté avec autant de force et de frustration que s'il s'agissait d'un lien naturel de mère à fils.

Le besoin de se sacrifier à sa mission. Bénédicte a cinq enfants, ce qui est rare et pas très évident actuellement. Elle s'active toute la journée, forçant l'admiration de son entourage. « Elle est si courageuse, entend-on dire. Elle ne se plaint jamais… » Elle fait elle-même la plupart des vêtements de ses enfants. Levée aux aurores, couchée tard, elle assume tâches familiales et ménagères telle une admirable fée du logis. Il lui est quasi vital d'être reconnue dans ses multiples activités et, d'avance, elle est transie de peur en pensant au jour où ses enfants quitteront le foyer. « J'espère que je serai très vite grand-mère », répète-t-elle comme pour se consoler. Bénédicte souffre d'une ménopause trop précoce : bouffées de chaleur, humeur changeante avec tendance à la dépression, éruptions de boutons, plaques roses sur le visage… La femme « génitale » a besoin de se valoriser en se fixant des missions difficiles. Mais, à cause de sa ménopause, Bénédicte ne peut plus avoir d'enfants ; son utérus a réagi par l'apparition d'un important fibrome.

☐ Plus particulièrement pour l'homme

La peur de perdre sa position sociale. L'homme a besoin de se sentir considéré, voire indispensable. L'importance du rôle social et relationnel dans le cadre du travail est plus marquée chez l'homme que chez la femme. Mais n'oublions pas qu'il peut y avoir du yin dans le yang et du yang dans le yin, pour la femme. Quand l'homme voit poindre la retraite ou, plus jeune, un licenciement économique, il éprouve la peur intense de tomber du piédestal sur lequel il avait été mis ou s'était mis lui-même. Il a besoin de résister et se pose une question lancinante : « Suis-je toujours utile à la société ? » Certes, la plupart des hommes éprouvent la même chose. Mais, comme la prostate devient le maillon faible du fait de l'andropause, elle réagit aux différents conflits qui se produisent autour de la cinquantaine.

Le besoin d'être le guide. L'homme macho n'est pas mort. Il est le guide, mais un guide qui commence à avoir des petits problèmes génitaux et vésicaux. Souvent, voulant trouver des raisons très physiques à certaines « baisses de performance » (pour reprendre ses termes), il met tout cela sur le dos de la prostate ; il parlera d'abord des problèmes urinaires, pour aborder discrètement les dysfonctionnements sexuels : érections faibles et de courte durée, éjaculations laborieuses, baisse de libido. Que de pudeur chez un homme, car il n'est pas habitué, comme les femmes, aux visites systématiques chez un gynécologue, et il se sent rabaissé à la moindre défaillance sexuelle.

Ne plus se voir d'avenir. Nous avons tous conscience que la vraie sagesse est de vivre le présent avec force et acuité. On ne change pas le passé, on ne sait pas de quoi l'avenir sera fait, les seules certitudes concernent le présent. L'homme de type génital est angoissé par un avenir qu'il sait ne pas pouvoir maîtriser. Chez lui, l'estomac va également réagir à ce genre de problème.

À quoi consacrer dorénavant sa vie ? Le plus souvent, un homme a consacré sa vie à son travail. Franchir le cap de la retraite, aller vers l'oisiveté, quitter son travail ou abandonner une passion, c'est extrêmement difficile. Étienne est employé de mairie. Il le dit lui-même : « Ce n'est pas un métier très valorisant. » En revanche, il est chef de fanfare de sa ville et il se passionne pour ce hobby. Il ne compte pas ses heures passées en défilés, concerts et répétitions. Toute sa disponibilité va à cette fanfare, ce qui n'est pas sans causer quelques problèmes familiaux, mais les citoyens de la ville l'apprécient. Il est reconnu. Un jour, le maire et ses nouveaux élus décident de changer le chef de fanfare. Ils en informent Étienne sans ambages et lui disent simplement qu'il sera toujours le bienvenu dans la fanfare. Quelques semaines après cet événement, Étienne me consulte pour des lumbagos à répétition qui s'accompagnent de douleurs du bas-ventre et de la jambe gauche. « J'ai toujours envie d'uriner, la nuit je me lève très souvent pour aller aux toilettes. » L'échographie révèle une hypertrophie bénigne de la prostate. Une suite presque logique de son émotion. Ce que l'on peut appeler le contrecoup.

La peur d'exprimer. Tout ce qui a été évoqué précédemment (peur de ne plus se sentir important, besoin d'être le guide, ne plus se voir d'avenir, chercher à quoi consacrer dorénavant sa vie) est rarement exprimé avec clarté par l'homme « génital ». Il est inhibé par des *a priori* du genre : « l'homme doit être fort », « l'homme ne doit pas se plaindre ». Au lieu de se confier et de partager, il s'isole. Toutes ses tensions non verbalisées et refoulées finissent par le submerger et sournoisement l'attaquer dans son corps, plus particulièrement dans la zone génitale, sous les formes évoquées précédemment, au niveau sexuel et au niveau psychologique. Se sentant dévalorisé, il va progressivement se fermer sur lui-même. C'est là où l'on voit l'une des grandes différences entre hommes et femmes, ces dernières osant davantage aborder les problèmes avec de vrais mots. L'homme est d'une pudeur incroyable : « Au fait, sur le plan... vous voyez ce que je veux dire... c'est moins bien... » Il faut beaucoup de persévérance pour le faire parler clairement.

Le besoin d'attirer l'attention. Commençant à se sentir inutile, l'homme peut réagir de deux façons opposées : soit il se replie dans son coin, soit il cherche à attirer l'attention d'une manière parfois irrationnelle et exagérée. Dans le second cas, il se lance des défis déraisonnables. Les exemples de sexagénaires intrépides sont nombreux. Les uns vont descendre à ski une pente dangereuse pour prouver aux autres qu'ils sont encore en superforme. Les autres vont faire un retourné acrobatique lors d'un match de foot avec les copains. Certains encore se lancent dans des affaires commerciales ou des opérations financières risquées.

Comment en prendre soin

☐ **Sur le plan physique**

Pour la femme :
• Pratiquez la gymnastique, l'aquagym, le stretching, la marche, le ski de fond, la raquette, le vélo.
• Consultez un ostéopathe. Le petit bassin (la partie du bassin qui correspond aux organes génitaux) d'une femme est souvent le siège d'adhérences dues aux accouchements et opérations gynécologiques. Un ostéopathe peut libérer les adhérences et permettre à une femme d'augmenter ses chances d'avoir un enfant si elle a des problèmes de fertilité.

À savoir

En termes de fertilité, il faut rester très prudent face aux affirmations péremptoires. Citons un exemple étonnant pour éclairer le propos de l'extrême complexité de la création : après les catastrophes naturelles, il naît plus de filles que de garçons, phénomène vérifié après le tremblement de terre de Kobé, au Japon, et l'explosion de l'usine de Seveso, en Italie. Le stress rendrait moins mobiles les spermatozoïdes porteurs du chromosome Y. Et pourtant nous avons affirmé au début du chapitre que le fonctionnement génital de l'homme était plus simple que celui de la femme.

Les rétroversions de l'utérus sont fréquentes. Dans toutes les activités physiques, l'utérus est en perpétuel mouvement. De façon naturelle, à la longue, il a tendance à se nicher vers l'arrière du bassin, contre le sacrum. Il subit immanquablement une rétroversion qui déclenche des troubles lymphatiques et veineux affectant particulièrement les jambes. De plus, la rétroversion de l'utérus peut déclencher des douleurs lombaires et des sciatiques. Les ostéopathes peuvent apporter leur aide à ce genre de problème, non pour redresser l'utérus mais pour le rendre plus mobile, plus souple et moins congestionné.

Pour l'homme

• Ayez une activité physique régulière pour pallier le manque d'activité. Insistez sur les étirements, particulièrement des lombaires, du bassin et des jambes.

• Soyez prudent avec le tabac et l'alcool. Buvez de l'eau par petites quantités mais régulièrement.

Chaque homme qui, entre 50 et 60 ans, ressent des signes avant-coureurs d'une hypertrophie de la prostate, devrait consulter un ostéopathe après avoir fait un bilan médical complet. Ce dernier peut, par des manœuvres effectuées par voie rectale, décongestionner et assouplir la prostate. Un résultat positif peut permettre d'éviter une intervention chirurgicale susceptible d'avoir des effets indésirables comme une éjaculation rétrograde (le sperme se déverse dans la vessie), une impuissance ou une incontinence à des degrés variables.

Nous l'avons vu, la prostate entoure l'urètre comme un anneau. Avec l'âge, elle grossit et resserre l'urètre. En mobilisant la prostate, l'ostéopathe parvient à relâcher la tension qui s'exerce autour de l'urètre. Ces techniques sont sans risques et efficaces.

Pour les deux

Promenade, natation, vélo, aquagym, gymnastique sont excellents. Comme je l'ai déjà mentionné, certaines études tendent à prouver que plus les seniors marchent ou ont une activité physique, moins ils développent la maladie d'Alzheimer et plus ils se défendent contre d'autres pathologies. Par exemple, la marche stimule le système lymphatique et veineux du bassin et des jambes, ce qui est excellent pour le fonctionnement du corps en général. Comme nous l'avons vu dans le chapitre consacré au cerveau, ces activités augmentent la circulation cérébrale et nourrissent mieux nos milliards de neurones, ce qui influence de manière positive notre système émotionnel et hormonal.

☐ **Sur le plan alimentaire**

Pour la femme

• Certaines plantes comme le soja et certains fruits comme les agrumes contiennent des substances actives qui produisent les mêmes effets bénéfiques que les hormones, notamment les œstrogènes.

• Adoptez le lait de soja, les tofus (galettes à base de soja), les yaourts de soja, deux fois par semaine.

• Surveillez votre fer, c'est important à la ménopause. Pommes de terre, lentilles, foie de veau apportent plus de fer à l'organisme.

• Essayez les oligoéléments[2] et l'homéopathie[3]. Les moyens de s'informer sont nombreux (ouvrages ou praticiens).

---

2. Dr Dominique Rueff, *La Bible des vitamines*, Paris, Albin Michel, 2004.

3. Dr Alain Horvilleur, *Guide familial de l'homéopathie*, Paris, Hachette Pratique, 2005.

Pour l'homme

• Consommez des brocolis, des graines de courge et de l'huile de graines de courge pour décongestionner le petit bassin et permettre une meilleure circulation veino-lymphatique du système génital.

• Prenez du sélénium et du zinc (il y en a beaucoup dans les huîtres par exemple).

Pour les deux

Il est intéressant de consommer des aliments riches en vitamine E, un antioxydant qui interagit avec l'insuline et les hormones sexuelles. Sa carence entraîne par exemple une difficulté d'implantation de l'ovule dans l'utérus. Elle est surtout présente dans les germes de blé, l'huile de soja, les arachides, le maïs, le chocolat, les noix et les noisettes.

☐ Sur le plan psychologique

Plus particulièrement pour les femmes

Essayez d'exister davantage en tant que femme, et moins en tant que mère. Pensez à vous, à votre corps, à votre développement personnel et intellectuel. Faites ce que vous n'avez jamais eu le temps de réaliser : musique, danse, expression corporelle, voyages avec des amies, Internet. Quand vous avez l'impression et surtout la peur d'être jugée, regardez bien la personne qui vous juge : qu'a-t-elle de plus que vous ? De quoi se mêle-t-elle ? Quel droit a-t-elle sur vous ? Valorisez-vous ! Vous verrez que, progressivement, vous vous sentirez de moins en moins fragile.

Plus spécialement pour les hommes

Une retraite se prépare. Il ne faut pas se dire : « On verra bien quand j'y serai. » Il est important d'avoir d'autres activités que des passe-temps. Il est vrai que le sport est indispensable, mais ce n'est pas suffisant. D'abord, les compétences acquises peuvent servir à d'autres, il faut en faire profiter des associations et des plus jeunes. Avant de partir à la retraite, il est recommandé de recontacter ses amis, de faire des projets d'activités et de voyages avec eux, de s'investir dans la gestion de son quartier, de son village ou de sa ville. Les grandes causes humanitaires ont besoin de personnes dévouées ayant du temps libre. Il n'y a pas que les pays lointains qui ont besoin de cette aide ; parfois, il suffit de regarder autour de soi. Notre planète, sur le plan écologique, a besoin de l'aide de tous. Les retraités ont cet avantage précieux d'être disponibles.

Pour eux deux

La maison doit demeurer le refuge de toute la famille, que tout le monde aime rejoindre. Prévenir les conflits, atténuer les tensions, donner à chacun sa place : la maison va ainsi rayonner du profit des grands et des petits. On sous-estime souvent l'importance du lieu où l'on habite. Certaines maisons sont plus accueillantes que d'autres pour des détails : lumière, emplacement des meubles, couleur des murs, mobilier... Rendez votre habitation chaleureuse, elle vous fera bénéficier de son rayonnement positif.

La peau
La vitrine

Les physiologistes la considèrent comme un organe important, quantitativement : 16 % du poids du corps et une surface de 1,5 à 2 m². Elle est en relation avec toutes les fonctions du corps. Irriguée, innervée sur toute sa surface, elle est un capteur d'informations ultrasensible. En liaison directe avec notre cerveau, elle démontre une réactivité très spontanée : « J'en ai la chair de poule », « Je l'ai dans la peau », « Il m'a sincèrement touché ». Rosir de plaisir, rougir de honte, pâlir ou blêmir de peur. Le langage de la peau passe parfois par l'expression des couleurs.

Réceptrice de plaisir mais aussi réceptrice de douleur, elle se connecte immédiatement au cerveau pour utiliser la parole et crier ses « aïe » ou lancer des « ah » et des « oh ». Il y a la peau qui nous enveloppe ; mais aussi, à l'intérieur de notre organisme, la peau qui entoure chacun de nos muscles et de nos organes et que l'on nomme « fascia ». De nombreux thérapeutes pensent que les fascias peuvent mémoriser nos émotions !

Son fonctionnement

Souplesse, élasticité et résistance sont ses principales caractéristiques histologiques. Plus ou moins épaisse selon les parties du corps, elle présente cependant partout la même structure en trois couches : l'épiderme qui est la couche externe, le derme riche en fibres de collagène et en fibres élastiques, l'hypoderme qui est la couche la plus profonde où l'on trouve entre autres les cellules adipeuses.

☐ Elle nous protège contre les agressions

Tel un rempart, elle constitue une barrière mécanique contre les agressions matérielles. Capitonnée, elle amortit les chocs, nous permet de résister aux coups ou de tomber sans nous rompre. Bien entendu, si le traumatisme est trop violent, elle se déchire ou ne protège plus suffisamment os et organes. Mais précisons qu'elle a une très bonne résistance. La peau est également une barrière immunologique capable de repousser les « envahisseurs », ces milliards de virus, microbes et autres bactéries qui rôdent dans notre environnement. Elle nous défend contre les agents chimiques et les radiations UV.

☐ Elle absorbe, elle échange

Certes elle protège, mais aussi elle absorbe. Un formidable et perpétuel échange se fait par la peau. Certains traitements substitutifs hormonaux se font à l'aide de patch sur la peau. Je me souviens d'un kinésithérapeute atteint d'un ulcère à l'estomac parce qu'il utilisait une pommade anti-inflammatoire pour les massages toute la journée. Ses mains étaient excessivement imprégnées. Les effets indésirables des anti-inflammatoires sont passés par la peau. Un cas rare mais significatif !

☐ Elle équilibre l'eau du corps

Il est vital de conserver l'eau qui constitue la plus grande partie de notre corps. Chaque jour nous emmagasinons et perdons (urine, sueur) de l'eau, soit environ 2,5 litres de gain et 2,5 litres de perte pour un homme de 70 kg.

☐ Elle est notre thermostat

Grâce à plus de 700 000 capteurs nerveux répartis dans toute sa surface, notre peau ressent les variations de la température extérieure et les indique au cerveau. Celui-ci transmet à l'organisme les ordres nécessaires au maintien de notre température interne. Lorsqu'il fait chaud, nous suons. Les petits vaisseaux cutanés se dilatent pour évacuer la chaleur le mieux possible. Effet secondaire : nous rougissons. L'humidité de la peau contribue à nous rafraîchir, surtout quand il y a une petite brise. Au froid, la réaction s'inverse. Les petits vaisseaux cutanés se rétractent et nous pâlissons.

La peau et la ménopause

En raison du déséquilibre hormonal induit par la ménopause, la peau a tendance à devenir plus sèche, moins dense, présentant des ridules et des rides. Elle est plus sensible aux chocs et au soleil. Protégez-vous du soleil avec un chapeau et des crèmes aux phytœstrogènes (demandez conseil à votre pharmacien). Certaines pommades sont aussi en vente dans les magasins de diététique.

☐ C'est une enveloppe ultrasensible

La peau est non seulement sensible au toucher, même très léger, mais aussi aux champs électromagnétiques qui nous entourent. Nous avons multiplié les expériences et prouvé que la peau perçoit des combinaisons d'infrarouges, d'ondes courtes, d'ondes radio et d'ultrasons. Sans voir ni effleurer une personne, nous pouvons ressentir sa présence. Je me promenais un samedi sur la place centrale de ma ville. Il y avait beaucoup de monde. Soudain, j'eus la sensation d'un trait de chaleur atteignant mon épaule, comme une présence proche. Je me retournai plusieurs fois mais ne distinguai personne de ma connaissance. En fait, c'était un ami qui me regardait du quatrième étage d'un immeuble où il se trouvait.

☐ C'est un réservoir de graisse

La graisse est stockée en profondeur. En cas de privation, l'organisme puise dans le stock. La graisse nous sert « d'amortisseur et de coussinet ». Quoi de plus confortable pour s'asseoir sur la pierre que des fesses bien rembourrées ! Un brin d'humour pour attirer l'attention sur le « trop » et le « pas assez ». L'excès de graisse est nuisible à la santé, mais le manque aussi. La graisse a également une fonction hormonale en relation avec la production d'œstrogènes. Cela explique que les femmes ont plus de graisse sous-cutanée que les hommes. Certaines femmes trop maigres ou anorexiques n'ont plus de règles et ont des difficultés à procréer.

☐ Elle est antirachitique

Par l'action des rayons du soleil (ultraviolets) sur le cholestérol cutané, la peau synthétise la vitamine D qui, grâce au foie et aux reins, facilite l'absorption digestive du calcium. Mais faites attention aux bains de soleil intempestifs entre 11 h et 17 h. Certains excès sont à l'origine de nombreux cancers de la peau.

☐ Celle des autres nous attire ou nous repousse

Toucher une peau, c'est recevoir en quelques secondes une multitude d'informations venant de l'autre. Une peau est lisse, granuleuse, velue, mince, épaisse, chaude, fraîche, moite, transpirante... Elle est le reflet d'une personnalité, d'un état de santé ou d'émotion. Une peau nous fait toujours de l'effet. C'est un contact charnel avec l'autre et nous y réagissons systématiquement. Par l'émotion, l'attirance ou la répulsion. La peau a un rôle sensoriel, relationnel et bien entendu sensuel qui nous est propre. Le contact de deux peaux est toujours unique. C'est de la sensation en prise directe. Ce n'est pas le cerveau qui décide. Ça marche ou ça ne marche pas.

Quand elle fonctionne moins bien

Réactive, la peau a ses maux, petits ou grands. L'acné de l'adolescent en est une illustration courante. Elle fait émerger les trop-pleins hormonaux ! Eczéma, boutons, dartres, mycoses, dermites, impétigo, psoriasis, herpès sont le lot des dermatologues, autant de réactions aux agressions extérieures. La peau est le seul organe visible ! Plus grave, le mélanome, tumeur cancéreuse de la peau due au soleil (peut-être aussi à la pollution ou à des facteurs génétiques).

La personne « peau »

C'est une personne paradoxale : elle souffre d'un mal-être qu'elle veut dissimuler mais que sa peau affiche clairement.

Voici quelques-unes de ses caractéristiques : refus de se montrer, repli sur soi, timidité, sentiment de honte... Finalement, elle aimerait se cacher mais ses problèmes de peau attirent le regard des autres. Certaines parties du corps sont faciles à dissimuler, mais d'autres sont toujours à découvert. Tous les ressentis se traduisent au niveau de la peau par des rougeurs, des plaques, des petites crevasses, des boutons, une consistance riche, cartonnée ou suintante, une odeur fade ou acide, désagréable.

Philippe travaille dans un centre de recherche pour la fabrication de composants électroniques. La chambre de commerce de sa ville lui demande de faire une conférence devant de nombreux industriels. C'est sa première conférence : il est à la fois honoré et terrifié. Une semaine avant son intervention, il fait une poussée subite de psoriasis sur le cou, les mains et le visage. C'est sa première crise. Dans sa famille, son grand-père avait souffert de psoriasis. Philippe téléphone pour annuler sa conférence mais les organisateurs tiennent bon. Deux semaines après, toute trace de psoriasis a disparu. L'organisme de Philippe, commandé par son cerveau, a déclenché cette affection cutanée pour lui donner un motif d'échapper à cette conférence et pour montrer sa peur.

□ Être bien dans sa peau

Lorsqu'on est « bien dans sa peau », la peau, tout comme l'attitude générale, s'en ressent. Les deux sont souples et rayonnantes. En bonne santé physique et morale, la peau est claire, lumineuse, sans aspérités ni rougeurs. Vitrine extérieure de notre corps et de notre esprit, elle montre là un parfait équilibre. Ce n'est pas toujours le cas et il est difficile de s'en cacher. Petits boutons hépatiques ou simples rougeurs émotives ou de sensibilité au froid sont difficiles à dissimuler. Nous rougissons, nous pâlissons, nous avons la chair de poule… notre peau révèle nos états d'âme par des réactions émotionnelles spontanées.

Si nous nous sentons « mal dans notre peau », celle-ci en montre les stigmates : psoriasis, boutons, rougeurs, dartres… Et à l'inverse, lorsque notre peau subit trop souvent les agressions extérieures, nous finissons par nous sentir mal dans notre peau.

☐ Le complément émotionnel direct

Sauf pour les réactions émotionnelles spontanées, la peau réagit en corrélation avec d'autres organes comme le foie, le pancréas, les poumons. Elle est le complément émotionnel en cas de problèmes et dans des atteintes particulières comme :
- le refus de se montrer, le repli sur soi ;
- la peur du contact, physique ou social ;
- le complexe d'infériorité, la dévalorisation ;
- la honte ;
- la timidité, la réserve, la discrétion ;
- l'hyperréactivité ;
- le besoin d'être protégé.

Comment en prendre soin

☐ Sur le plan physique et sur le plan alimentaire

Si la peau est la vitrine de notre âme, elle est surtout celle de nos organes. Pour avoir une belle peau fraîche, élastique et agréable au toucher, il faut que les organes fonctionnent bien, surtout le foie, les reins et le pancréas. Mais avant toute chose, supprimez le tabac. Dans nos métiers, on reconnaît immédiatement la peau d'un fumeur : elle tourne légèrement au gris. Le tabac nuit à l'oxygénation des tissus et la peau perd alors sa discrète et subtile teinte rosée.

• Quand les reins fonctionnent moins bien, la peau garde le pli quand on la pince, elle ne reprend pas instantanément sa forme. Elle perd un peu de son élasticité, elle est terne et dégage une odeur aigrelette.

• Quand le foie et le pancréas fonctionnement moins bien, la peau est suintante. Même après un lavage, elle redevient grasse et terne et sent fort, surtout sous les bras.

Reportez-vous aux chapitres correspondant à ces organes pour connaître la conduite à tenir pour améliorer leur fonctionnement.

☐ Sur le plan psychologique

La personne « peau » occupe peu et mal son territoire. Elle doit apprendre à se tenir droite, les épaules en arrière et la poitrine en avant. C'est important pour elle de regarder les autres dans les yeux et d'oser le faire un petit moment. Je lui propose donc cet exercice pour apprendre à occuper son espace. Elle doit d'abord le faire avec les personnes qui l'intimident le moins. Quand elle est assise en face de quelqu'un, il est bon qu'elle ressente le contact du sol sous ses pieds. Cette solidité, cette fermeté sont rassurantes.

Si les problèmes de peau sont vraiment très importants, un suivi psychologique est nécessaire.

Troisième partie

Prendre soin du messager

Notre bien le plus précieux

Comme il a été dit dans l'introduction de ce livre, nous avons, à l'égard de notre corps et de notre santé, un devoir de surveillance. Nous possédons un capital naturel et inné, utilisons-le, mais respectons-le. Quand nous prenons soin de nous (hygiène de vie, alimentation, poids...), nos organes, leurs rouages et leur métabolisme fonctionnent convenablement. Sans conteste, nous en ressentons les bienfaits. Être bien dans son corps permet d'être bien dans sa tête. Une harmonie s'établit entre physique et psychique. Laissant peu d'ouverture à la maladie, à la dépression, à toute atteinte qui pourrait être source de mal-être, notre corps et notre mental profitent d'une énergie vitale optimale.

La recherche de l'équilibre

Dans un monde envahi par le stress, un environnement saturé de substances chimiques, nous avons un besoin urgent de surveiller notre capital santé. De lui apporter les meilleurs ingrédients nécessaires à la construction de notre équilibre physique et de notre stabilité émotionnelle. Le cerveau réceptionne toutes les émotions et les tensions qui nous atteignent et les redistribue dans notre organisme selon leur degré d'intensité, déclenchant des réactions superficielles ou plus profondes : du dysfonctionnement viscéral à la maladie. Les organes dialoguent sans cesse avec le cerveau. Les chocs s'accumulent, et quand survient le choc de trop, si petit soit-il, nous pouvons basculer dans la maladie. Pourquoi ? Parce que nous avions atteint notre limite de compensation, notre seuil de tolérance. Nous n'avions pas capté les signes avant-coureurs et notre corps ne pouvait accepter plus sans dommage.

Pour résister aux agressions extérieures et éviter qu'elles se répercutent avec trop de force sur notre organisme, nous devons nous doter d'une bonne capacité « d'adaptation/compensation ». Nous traversons la vie comme le funambule sur son fil. Nous cherchons toujours notre équilibre, un peu à droite, un peu à gauche, nous avançons. En revanche, s'il nous arrive de faire un faux pas et de tomber, il nous faut attendre une aide extérieure. Les thérapeutes sont là pour nous porter assistance.

Votre itinéraire de santé

Prenez conscience des changements d'attitude et d'état de santé que provoquent ou engendrent vos sentiments et vos émotions. Apprenez à détecter vos points faibles, physiques et psychiques.

Le journal de bord

Si nécessaire, tenez à jour un journal de bord. Il peut être très instructif. Par exemple :

• *Aujourd'hui vendredi*, mal au ventre. Hier, ma fille m'a annoncé qu'elle partait pour le week-end en voiture avec des amis.

• *Mercredi,* j'ai fait une chute dans les escaliers, j'ai eu très peur. Depuis, j'ai un mal de tête qui ne passe pas.

• *Lundi*, je me sens léger. Week-end aéré, promenade en forêt, pique-nique sans alcool ni plat cuisiné. Bonne humeur en famille.

• *1er novembre, jour des morts,* j'ai mal sous les côtes à droite. Je me sens barbouillé. Je pense à mon père, à mon amie, à tous ceux qui sont partis. C'est trop, trop de peine !

Comme un capitaine de navire, notez ce qui se passe à bord (votre bateau c'est votre corps et il vous permet de bien voyager dans la vie) : les bons rendements des machines comme les avaries. Quand le besoin s'en ressent, vous pouvez feuilleter vos notes techniques et trouver des explications ou des références. Le fait d'écrire, de se mettre face à une feuille de papier (le miroir de son moi profond) et de se concentrer sur son ressenti, est en soi un soulagement, un moyen d'expression, de réflexion et de compréhension. Un excellent travail psychique ! Certains notent leurs rêves, n'hésitez pas à noter vos états d'âme et vos sensations corporelles. Vous apprendrez à les relier et à leur donner une signification. Puis, vous travaillerez à les éviter.

• Comprenez votre fonctionnement interne. Quel type d'émotion atteint vos organes ? Lequel ou lesquels plus particulièrement ? Quelles réactions comportementales accompagnent le dérèglement fonctionnel d'un organe ?

• Cherchez les correspondances émotions-organes qui vous sont particulières.

• Trouvez votre organe « maillon faible », celui qui, chez vous, est le plus gros catalyseur d'émotions.

• Soyez à l'écoute des signaux d'alarme de votre corps et des symptômes qui se répètent.

• Exercez-vous à agir sur vos émotions et à prendre soin de vos organes.

L'éducation des enfants et des jeunes sportifs

Comme nous éduquons nos enfants au respect, à la politesse, aux différentes règles de civilité, au savoir-faire à l'école et au savoir-vivre en société, nous devons leur transmettre les comportements du « bien-vivre », c'est-à-dire de la bonne santé. Il suffit pour cela de commencer par observer quelques principes simples mais essentiels : bien se nourrir, bien dormir, respirer à pleins poumons, bouger en harmonie. Il est utile de faire comprendre aux enfants que ces quelques règles de base sont aussi importantes pour leur avenir que tous les apprentissages qui leur sont et seront enseignés. Si les parents savent expliquer et conseiller, il n'est pas nécessaire d'interdire. C'est une question de bon sens. Manger régulièrement des chips et des viennoiseries devant la télévision, ce n'est pas bon pour la santé. Mais se permettre une fois par semaine une sortie « ketchup et frites » avec les copains, c'est la fête et c'est formidable, car le plaisir partagé fait passer la compulsion ou l'addiction. Des règles d'équilibre inculquées et appliquées dès le plus jeune âge portent inévitablement leurs fruits à long terme. Éduqués à prendre soin de leur capital santé, plus tard, nos enfants devenus adultes sauront faire d'eux-mêmes les bons choix ; pour leurs conditions de travail, leur cadre de vie, leur environnement, leur capital santé... Le « bien-vivre », ça s'apprend !

Les jeunes sportifs plus que les autres ont besoin d'intégrer une excellente hygiène de vie à leur entraînement quotidien. Il ne suffit pas d'être doué, puissant et bien entraîné. L'équilibre nutritionnel ou la gestion du sommeil sont aussi d'excellents carburants de la performance. Accorder à son corps attention et bienveillance, c'est donner toute sa puissance à l'énergie physique et mentale, celle qui caractérise les champions.

Respecter les équilibres de notre corps

Nous ne sommes pas maîtres de notre génétique, de notre âge. Nous subissons la pollution de notre environnement, les angoisses de notre époque, les stress de notre profession... Mais nous pouvons agir pour limiter les atteintes portées à notre capital santé. Partons du principe que notre premier médecin, c'est nous. Le bien-être sur lequel nous pouvons agir passe par :
- l'équilibre psychique (gestion des émotions, exercice) ;
- le respect des rythmes (sommeil, respiration) ;
- l'équilibre physique (activité, exercice) ;
- l'équilibre alimentaire (un meilleur combustible pour notre moteur : aliment-boisson) ;
- la faculté de se faire plaisir (voyages, amis, sorties, arts, spectacles...).

L'équilibre psychique

☐ Gérez vos émotions

« Dès qu'une émotion a fait surface, il y a deux façons de s'y prendre. L'une est d'objectiver la réaction émotionnelle en rendant quelqu'un ou quelque chose responsable de votre état. Cette manière renforce et intensifie les sentiments négatifs. L'autre solution consiste à aller directement au sein de l'émotion, à la découvrir, la ressentir à fond, à "devenir" cette émotion et à observer calmement sa nature. » Ce texte de Tarthang Tulkou, un moine tibétain, nous donne le chemin de la « zen attitude », profitable à notre sérénité et à notre santé.

L'émotion nous atteint. Elle entre dans notre corps et notre esprit. Elle est très présente. On ne peut l'éviter, et c'est normal ! Nous sommes tous humains, donc doués de sentiments et de réactions. Mais ce n'est pas toujours facile à supporter car l'émotion s'accompagne de phénomènes parasites (accélération cardiaque, réactions viscérales, raisonnement chaotique, décision incontrôlée…) néfastes à notre équilibre. Alors, au lieu d'attiser le feu qui est en nous, nous devons chercher à l'apaiser. Il est dommageable pour notre bien-être de ressasser les faits, de s'en prendre aux responsables et provocateurs en tout genre, aux événements et à la vie en général, autant de comportements qui alimentent et décuplent l'anxiété. Maîtriser ses émotions, savoir les observer sans y participer, c'est se donner la chance de retrouver très vite la paix et une dynamique positive de l'esprit et du corps.

Sachez que vous pouvez vous épargner les douleurs de l'émotion ! Tout au moins les apprivoiser, et ainsi ménager votre corps. Une émotion, c'est comme un chat. Domestiqué, il ronronne et vous câline. Le chat est alors un ami qui vous apaise. Sauvage, il vous agresse et vous griffe. Le chat est alors un ennemi qui peut vous inoculer la maladie de la « griffe du chat », un vrai poison. Les émotions trop fortes ont besoin d'être exprimées mais c'est difficile. De plus en plus, la société nous impose un certain mutisme émotionnel. Alors trouvons des solutions personnelles pour diminuer nos tensions émotionnelles, en pratiquant par exemple la relaxation, la sophrologie, la visualisation, le yoga... ou éventuellement en consultant un thérapeute (voir p. 293).

☐ Prenez le temps de la réflexion

N'agissez jamais sous le coup de l'émotion. Évitez de vous laisser emporter, de décider à la hâte. Il est important de laisser du temps au temps pour ne pas avoir à regretter ses actes. En effet, tout est relatif, et ce qui paraît infranchissable un jour peut l'être beaucoup moins le lendemain. « La nuit porte conseil », dit-on communément. Le temps de la réflexion permet de faire retomber l'émotion, d'analyser plus clairement la situation, de faire le tri entre tous les éléments et d'éliminer le négatif pour construire sur le positif.

☐ Adoptez la zen attitude

De la même façon que vous mettez beaucoup de soin à décorer et à entretenir votre lieu de vie, maison ou appartement, mettez-en autant à rechercher votre harmonie intérieure personnelle. L'harmonie se manifeste autant en soi que chez soi. Faites circulez les bonnes énergies dans votre esprit comme dans votre intérieur. De la douceur, de la clarté, de la transparence, mais aussi du mouvement, des couleurs, des vibrations. Cultivez vos beautés intérieures ainsi que le savoir bien vivre. Pratiquez le yoga, la relaxation, la

méditation ou le taï-chi (voir p. 293). Adoptez l'autodéri-
sion. Il est vrai que parfois, « mieux vaut en rire ».

L'équilibre physique

☐ **Respectez votre corps**

Respecter son corps, c'est être attentif à son fonctionnement et répondre à ses besoins. C'est une garantie de
bien vieillir, pour avoir à 70 ans le dynamisme de ses
20 ans. Globalement, prenez votre santé et votre bien-être
en main, écoutez votre bon sens, soyez attentif aux aliments ou habitudes de vie qui ne vous conviennent pas.
Retenez, notez et évitez à l'avenir ce qui perturbe votre
organisme.

☐ **Bougez-vous !**

En faisant de l'exercice, vous évacuez votre stress, vous
vous videz la tête, vous rechargez vos énergies, vous perdez
du poids et vous améliorez votre résistance cardiaque.
L'activité physique est aussi très bonne pour le moral.
L'organisme produit des endorphines qui créent un état de
bien-être. Le mouvement oxygène muscles et cerveau,
permet de ressentir son corps et d'éprouver une réelle
sensation d'exister. Plus vous apprenez à bien bouger, plus
grand est votre plaisir de faire de l'exercice, seul, entre amis
ou en famille. Le simple fait de marcher suffit à établir un
équilibre de santé.

Si vous n'êtes pas sportif, marchez au moins une demi-
heure par jour d'un pas rapide, sans forcer ni vous exténuer,
en préférant bien entendu un site aéré et agréable pour vous
donner envie de recommencer. Lorsque vous ressentirez les

bienfaits de l'activité, vous aurez envie de tenter la natation ou la gymnastique, ou pourquoi pas un peu de footing ! Et vous finirez par dire : à bas la sédentarité ! Certains sports comme la gymnastique rythmique ou la danse apprennent à mieux coordonner les mouvements et renforcent les équilibres. Faire du footing sur terrain souple ou faire du vélo sont, sauf rares contre-indications médicales, parmi les secrets de longévité. Nous avons testé les tensions du corps de plusieurs personnes avant et après un exercice physique. Les différences sont incroyables. Les muscles se sont relâchés, les organes sont plus souples et moins sensibles à la palpation, les traits du visage sont plus paisibles. S'activer dans le plaisir en vaut vraiment la peine ! L'être humain est fait pour bouger.

L'équilibre des rythmes

Nos organes fonctionnent selon des rythmes, qui ne sont pas les mêmes pour tout le monde. Apprendre à les connaître et à les respecter, c'est s'apporter le bénéfice « d'atouts santé » supplémentaires. Un mode de vie équilibré passe par l'attention que l'on porte à sa nature biorythmique. Qu'il s'agisse de manger, dormir ou autres, nous entendons des réflexions aussi parlantes que : « Je fonctionne comme une horloge » ou, à l'inverse, « Mon organisme est complètement déréglé ». Si un mécanisme est bien huilé, c'est qu'il est l'objet de toutes les attentions de la part de son heureux propriétaire. C'est juste une question d'écoute de son corps et de soi !

☐ À chacun son rythme

Selon la médecine orientale, nous sommes soumis à nos propres biorythmes, mais nous subissons aussi l'influence de rythmes extérieurs. L'énergie circule à travers nos organes selon un rythme circadien (environ 24 heures) : elle part des poumons entre 3 h et 5 h du matin, passe par l'intestin entre 5 h et 7 h, puis par l'estomac, et termine avec le foie de 1 h à 3 h du matin avant de retourner aux poumons. Nous fonctionnons selon un rythme circadien, mais également sur des rythmes mensuels (système ovarien par exemple) ou annuels.

☐ Seuil de tolérance

Mieux vaut avoir une vie régulière (ce qui ne veut pas dire ennuyeuse !), en respectant ses rythmes naturels tout en se permettant quelques fantaisies de temps à autre, pour le plaisir ! C'est l'accumulation des stress et des excès qui nuit à l'organisme. Si vous sentez avoir dépassé vos limites de tolérance ; qu'il ne vous est plus possible d'accepter des nuits sans sommeil, des changements d'horaires perturbateurs, des stress trop forts qui troublent votre activité respiratoire ou digestive, il est temps de mettre les freins. Consultez un spécialiste (sophrologue, psychothérapeute, homéopathe, etc. ; voir p. 293) : il vous aidera à vous remettre en phase avec vos rythmes biologiques et à retrouver ainsi votre équilibre.

☐ Le sommeil

Le sommeil fait partie de notre capital santé. Il a une fonction réparatrice. Déficient en quantité ou en qualité par rapport aux besoins de l'organisme, il entraîne des déséquilibres fonctionnels. La force vitale n'est plus suffisamment entretenue. Systèmes nerveux, cardio-vasculaire, digestif... peuvent être atteints. C'est avant tout la qualité du sommeil qui compte. Nous n'avons pas tous les mêmes besoins en termes de quantité : certains se sentent en pleine forme après seulement cinq à six heures de sommeil ; d'autres ont besoin de huit, voire de neuf heures de sommeil ; certains sont du soir et ne se couchent pas avant minuit, mais ne leur demandez pas de se lever à l'aube, d'autres sont du matin et ont les idées très claires dès 6 h, mais ne leur demandez pas de veiller trop tard. À chacun son horloge intime. Il suffit de la respecter en termes de durée comme en termes d'heure de coucher et de lever. Quoi qu'il en soit, les premières heures de sommeil sont les plus importantes. Elles correspondent à une phase de sommeil profond extrêmement réparatrice physiquement et psychiquement. Parfois des difficultés peuvent surgir :

– chez les couples qui n'ont pas le même rythme de sommeil. Il y en a toujours un qui contrarie l'autre. L'adaptation n'est pas toujours facile ;

– chez les obsessionnels du sommeil. Ils sont convaincus qu'ils se lèveront fatigués, se couchent de plus en plus tôt, font le compte des heures passées au lit dont malheureusement certaines s'égrènent à ressasser les problèmes de la veille et à empêcher un sommeil réparateur ;

– chez les *aficionados* de la sieste : une sieste trop longue altère la qualité du sommeil de la nuit qui va suivre, alors qu'une petite sieste d'une demi-heure est bénéfique.

☐ Les organes et le sommeil

Il est fréquent que le dysfonctionnement d'un organe perturbe le sommeil.

L'appareil digestif. Il est reconnu qu'après un repas trop copieux et trop arrosé, il est difficile de bien dormir. On bouge, on se tourne, on se retourne, on a chaud, on a soif, le sommeil est peuplé de mauvais rêves…

Le foie et le pancréas. Une personne qui se couche par exemple vers 22 h sera subitement réveillée aux environs de 1 h ou 2 h du matin, en sueur, au point parfois d'éprouver le besoin de se découvrir pour faire baisser la température de son corps. Il lui est impossible de se rendormir sur le côté droit. Ces indispositions nocturnes sont souvent dues à des repas excessifs, trop sucrés, trop gras ou trop alcoolisés. La température de certaines veines du foie monte jusqu'à 40 °C lors de la digestion.

L'estomac. Il lance ses signaux d'alarme aux environs de 4 h à 5 h du matin. La personne ressent des brûlures ou une douleur dans le haut et le milieu du ventre, et près des côtes à gauche. Elle ne peut se coucher à plat ventre et trouve plus facilement le sommeil en se mettant sur le côté droit.

Les bronches. Elles réveillent le dormeur aux mêmes heures que l'estomac. Les fumeurs toussent et ont envie de cracher, les asthmatiques respirent mal.

Les reins. S'ils sont congestionnés, ils perturbent le sommeil entre 4 h et 7 h le matin, généralement en fin de nuit. Souvent, le seul fait de vider sa vessie soulage la tension rénale. Quand les reins ont un problème, cela s'accompagne souvent au réveil de mal au dos qui s'améliore au cours de la matinée.

L'équilibre alimentaire

L'équilibre alimentaire se construit sur des règles nutritionnelles souvent simples. Le maître mot étant « l'adaptation » : composer son alimentation en fonction des besoins de son corps. Mais toute la difficulté consiste à comprendre et à connaître ses besoins. L'alimentation est une « quasi-médecine » qui aide le corps à se tenir en forme, à lutter contre les stress ou les maladies. Elle doit être gérée mais elle doit rester un plaisir empreint de bon sens.

☐ Des comportements alimentaires parfois déroutants

Deux carrés de chocolat sont excellents pour le moral, mais la totalité de la tablette, c'est la crise de foie assurée pour certains. Il faut apprendre à déguster avec modération. Les excès alimentaires relèvent souvent des troubles comportementaux. L'effet cumulatif est souvent dévastateur pour l'organisme : « Deux croissants par jour, ce n'est pas grand-chose, mais à la fin de l'année ça en fait 730 ! Ce n'est pas rien pour la digestion ! » commentait un grand chef étoilé du Michelin.

Les grandes compagnies alimentaires, qui ont pour but de faire des profits en attirant de nouveaux clients et en fidélisant les anciens, conçoivent des produits suscitant un comportement addictif. Les sodas sucrés sont légèrement salés pour redonner l'envie de boire. On en boit un, on veut en boire un autre ! Les dépendances aux boissons et aliments (chips, barres chocolatées, viennoiseries…) industriels sont fréquentes chez les jeunes et plus particulièrement aux États-Unis où le nombre de personnes obèses est effarant, presque 30 % de la population. Attention, en France, leur nombre est en croissance notable.

☐ La digestion : pas toujours logique

Nous l'avons tous expérimenté, la digestion, c'est un jour oui, un jour non ! Un jour, vous vous levez et vous sentez barbouillé alors que, la veille, vous n'avez rien mangé d'extravagant qui puisse vous déranger à ce point. Les aliments ne sont pas les seuls à agir sur le bon fonctionnement de la digestion. D'autres paramètres, très subtils, accompagnent les repas :

– la saison ;
– l'heure ;
– le cycle hormonal ;
– l'état de stress ;
– l'effort physique ;
– la convivialité ;
– le sommeil.

Certains aliments aident à digérer et d'autres perturbent et parfois intoxiquent. Ce ne sont pas les mêmes pour tout le monde. La tolérance ou le rejet se fait en fonction de la sensibilité digestive de chacun. L'acidité de l'estomac varie en fonction de l'heure. Avant leurs règles, de nombreuses femmes digèrent mal les plats lourds ou gras. On dit que les pêches blanches sont excellentes pour le foie, et pourtant certaines personnes ne les supportent pas... Autant d'exemples qui démontrent que la digestion a ses mystères.

Comment reconnaître un aliment qui vous convient ?

• Vous le digérez facilement et vite.
• Vous aimez le manger. Vous appréciez son goût, son odeur, sa consistance, et aussi son toucher.
• Vous vous sentez bien et léger après l'avoir mangé.
C'est une question de bon sens !

☐ Des légumes et des fruits

Rares sont les légumes à déconseiller.
• Pour les personnes sujettes aux fermentations intesti-

nales, nous recommandons de faire cuire les légumes. La cuisson les rend beaucoup plus digestes.

• Il existe des allergies à certains fruits ou légumes. En ce cas, mieux vaut les éviter. Mais avant d'incriminer le type d'aliment, vérifiez sa provenance et son traitement. Certains produits chimiques de traitement sont allergisants. Le nitrate présent dans l'eau en est le premier exemple. En effet, les nitrates irritent le tube digestif, provoquant une hypersensibilité des muqueuses intestinales et favorisant les allergies. Quand une muqueuse est irritée et congestionnée, elle devient la proie de tous les facteurs favorisant les allergies : la pollution, le stress, une mauvaise alimentation, etc.

À surveiller

• Tomates : si vous n'êtes pas sûr de leur origine, enlevez la peau.

• Carottes : achetez-les entières et râpez-les vous-même.

• Oranges : quand leur peau est très brillante, c'est qu'elles ont subi un traitement chimique. Choisissez des oranges pas trop acides et pressez-les au petit déjeuner. Évitez de les consommer l'après-midi et le soir.

• Raisins : attention, ils sont souvent surtraités chimiquement. Il faut les laver abondamment et même les laisser tremper un peu. Le muscat noir est excellent pour les intestins et les reins.

• Pruneaux : attention aux sulfites. Contrôlez les étiquettes. Ils contiennent du sorbitol, qui favorise le transit.

• Pommes : choisissez leur provenance, vérifiez le traitement subi, préférez les pommes de petits producteurs qui traitent au minimum leurs fruits avec des produits naturels. On les trouve sur les marchés ou dans les magasins bio. Un peu acides, elles favorisent le transit digestif. Trop farineuses, elles sont plutôt difficiles à digérer.

L'industrie chimique est un lobby très puissant face à nos petites préoccupations de « bien se nourrir ». Un de mes patients, producteur de pommes, m'a expliqué comment mûrissaient les fruits de son verger : « Comme tout le monde, j'utilise des pesticides et des insecticides. Lorsque je traite les pommes sur l'arbre, je porte désormais des gants et un masque car deux de mes employés ont contracté des maladies de peau. Je les ramasse encore vertes et je les stocke dans des chambres froides maintenues à 2 °C. Je les gaze à l'éthylène et ensuite au gaz carbonique. » Il ajoute candidement : « Ce n'est pas dangereux et ça ne change pas l'aspect du fruit. Les pommes sont lisses et fermes. » Plutôt effrayant, non ? Dites-vous qu'un fruit sans taches est un fruit suspect.

☐ Ils sont bons pour vous

• Oignon : en petite quantité, il stimule le foie. En grande quantité, il provoque des flatulences.

• Ail : excellent antioxydant. Bon pour l'intestin, il a un effet antiparasitaire. Si vous avez des animaux à la maison, mangez-en de temps en temps.

• Poireaux : ils contiennent beaucoup de magnésium. Bons pour le foie et le pancréas car ils ralentissent l'assimilation des sucres rapides. Ils favorisent le transit.

• Mâche : recommandée pour le foie et la vésicule. Elle contient des oméga 3.

• Épinard, rhubarbe : bons pour l'intestin. Attention à l'estomac, sensible à leur acidité (surtout pour la rhubarbe).

• Pissenlit : bon pour le foie, le pancréas et la vésicule biliaire.

• Céleri : bon pour le foie.

• Radis noir : bon pour la vésicule biliaire et le foie. Je vous le recommande particulièrement. On le trouve sur les marchés.

• Ginseng : bon pour le foie, le pancréas. Mais pris en grande quantité, il irrite l'estomac. Il aurait aussi des vertus aphrodisiaques.

• Pommes de terre : elles contiennent de la vitamine C. Il en existe de nombreuses sortes. Les rattes par exemple, c'est un régal !

• Artichaut : bon pour le foie et la vésicule. Il peut donner des fermentations intestinales. En ce cas, changez deux fois l'eau de cuisson ou rincez-les après cuisson.

• Fenouil : bon pour le foie et la vésicule. Incorporez de petits morceaux crus dans la salade. C'est excellent pour bien digérer.

• Endives : bonnes pour les reins et l'estomac.

• Poivron : cru, il stimule les fonctions digestives. Cuit, il peut être lourd à digérer en fonction de l'assaisonnement.

• Pamplemousse : bon pour le foie et la vésicule. Évitez les jus en conserve.

• Citron : quelques gouttes dans de l'eau tiède sont excellentes pour les reins et, le matin, pour la vésicule et le foie. En revanche, un verre entier irrite l'estomac.

• Ananas : à consommer frais, bien sûr. En fin de repas, il facilite la digestion. Bon pour le pancréas, le foie et les poumons.

• Mûres : en petite quantité, elles stimulent le foie.

• Groseilles : bonnes pour le pancréas en petite quantité. Attention à leur acidité pour l'estomac.

• Kiwi : il contient de la vitamine C mais sa réputation est cependant un peu usurpée. Bon pour l'intestin.

• Pêches blanches : bonnes pour le foie et le pancréas.

• Framboises : bonnes pour le foie et l'intestin.

• Myrtilles : bonnes pour l'estomac. Elles favorisent l'acuité visuelle. Les aviateurs de la Royal Air Force prenaient de la confiture de myrtilles pour mieux voir la nuit.

• Clémentines : bonnes pour l'intestin. Attention à ne pas les prendre trop acides, pour éviter d'irriter l'estomac.

☐ Les graisses

Les huiles. Lorsqu'on achète de l'huile, on croit souvent consommer du pur extrait de graines ou de fruits. Hélas, la réalité est tout autre pour certaines huiles. Les graines sont nettoyées, broyées, chauffées. Dans les huiles raffinées, sont ajoutés un solvant, des acides, des phosphates, de la soude, des décolorants, des colorants… En effet, plus les graines et les fruits sont chauffés, plus la quantité d'huile recueillie est importante, mais plus l'équilibre des composants est perturbé. En optant pour les huiles « première pression à froid », vous êtes sûr de la qualité. « À froid » ne veut pas dire véritablement à froid, mais pressé autour de 35 à 40 °C. Pour la friture, préférez l'huile d'olive et d'arachide.

Oméga 3 et oméga 6. Les oméga 3 (l'acide alpha-linolénique) et les oméga 6 (l'acide linolénique) sont des lipides que l'organisme métabolise facilement mais qui ne sont pas fabriqués par notre corps. Il est donc recommandé d'en consommer. On leur attribue des vertus antithrombosiques, antiathéromateuses et anti-inflammatoires. Les oméga 3 se trouvent plus particulièrement dans l'huile de colza, de noix, de noisette ; les oméga 6 dans l'huile d'olive, de tournesol (également très riche en vitamine E). Les huiles de noix et de noisette contiennent aussi de l'oméga 6, de la vitamine E et de la lécithine (que l'on retrouve dans le soja et le jaune d'œuf). La lécithine est bonne pour le cœur, le cerveau, le système nerveux, le foie et le pancréas.

Le beurre. Classiquement, il faut 22 litres de lait pour faire 1 kg de beurre. En principe, au cours de sa fabrication, il ne reçoit pas d'additif alimentaire, ni colorant ni conservateur. C'est l'herbe broutée par la vache qui donne au beurre sa couleur plus ou moins foncée. Plus l'herbe est riche en chlorophylle et en bêta-carotène, plus le beurre est coloré. Le beurre est riche en vitamine A. Consommez-en le matin au petit déjeuner sur vos tartines, c'est suffisant pour vos besoins journaliers.

☐ Que d'eau, que d'eau !

Sans eau, pas de vie ! Notre corps est constitué de 70 % d'eau. Elle dilue, elle filtre. Cette eau est sensible aux variations de pression atmosphérique et au degré d'humidité. Selon l'altitude, la saison, l'alimentation (nourriture et boissons), la pression de l'eau de notre corps varie.

Influence du cycle lunaire. Sous l'influence de l'attraction lunaire, les marées font mouvoir des milliards de mètres cubes d'eau. Il serait étonnant que l'eau contenue dans notre corps ne subisse pas le même phénomène. Cela pourrait expliquer nos variations de forme parfois mystérieuses. Autrefois, bûcherons et charpentiers prenaient soin de couper les bois en fonction de la lune. « Coupées à la lune montante, les planches ne tournaient pas et prenaient moins les parasites », disaient-ils, et il semble qu'ils avaient raison.

L'eau circule dans nos organes. Nos organes sécrètent environ 8 litres d'eau par jour :
– salive : 1 à 1,5 litre par jour ;
– estomac : 2 à 3 litres par jour ;
– pancréas : 1,5 litre par jour ;
– foie : 1 litre par jour ;
– intestin : 2 à 3 litres par jour ;
– bronches : 1 litre par jour.
Le liquide céphalorachidien a lui aussi besoin d'eau. Il entoure le cerveau et la moelle épinière pour les nourrir et les protéger.

Ces chiffres montrent qu'il est nécessaire de boire pour le bon fonctionnement de nos organes. Il faut boire de manière régulière, souvent mais peu à la fois. Bue en trop grande quantité d'un seul coup, l'eau absorbée par l'estomac ressort immédiatement sous forme de sueur. En hiver, elle passe directement et si rapidement dans la vessie qu'elle ne permet pas aux reins d'éliminer les toxines. À l'inverse, si le corps manque d'eau, il s'intoxique. Les urines se concentrent et peuvent même former des calculs rénaux. Attention aux eaux trop chargées en sodium, notamment les eaux gazeuses. Certaines contiennent 20 fois plus de sel que d'autres. Vérifiez les étiquettes. Le sel retient l'eau dans le corps, crée des congestions et des gonflements, et augmente la tension artérielle.

Conclusion : Buvons, mais intelligemment. Mangeons, mais modérément.

L'apport des médecines douces

Tant que nous pouvons nous passer de somnifères, d'anxiolytiques ou d'antidépresseurs, nous devons le faire. Ces derniers aident à supporter un mal-être mais ne le règlent pas et peuvent même nuire à la santé. Cependant, soyons sérieux : une personne qui constitue une menace pour elle-même ou pour son entourage ne peut se contenter d'un peu de relaxation ou de sophrologie. Dans de tels cas, l'allopathie est plus que recommandée. Mais avant d'en arriver là, il existe de nombreuses thérapies qui, complémentaires de la médecine, sont d'un grand secours : l'ostéopathie, l'acupuncture, la sophrologie, les fleurs de Bach, l'homéopathie, la psychothérapie, la relaxation, le yoga... Écoutez votre corps, écoutez votre intuition.

Bien choisir son thérapeute

• Tout d'abord, vous devez avoir le sentiment qu'il vous comprend. La relation entre deux personnes s'établit sur des perceptions immédiates, inconscientes et subtiles et non seulement sur un échange verbal. Si vous ne « sentez » pas bien le thérapeute, c'est certainement réciproque.

• Le nombre des séances doit correspondre à une logique et à un contrat moral. Pour une douleur physique, si vous n'observez pas d'amélioration après trois ou quatre séances, c'est qu'il y a un problème. Pour ce qui est du psychisme, c'est plus délicat. Mais il est important de saisir qu'il y a une organisation dans les soins, un projet d'évolution.

• Si la thérapie employée ne donne pas les résultats escomptés, le thérapeute doit prendre les devants et vous réorienter vers une thérapie plus adaptée. Un bon thérapeute sent très vite si les soins qu'il prodigue vont porter leurs fruits ou non.

• Dites-vous que « nul n'appartient à un thérapeute ». Vous êtes libre.

• Pour le thérapeute, ce qui doit compter, c'est d'améliorer la santé du patient, pas de se l'approprier. En cas de doute ou d'une confiance altérée, le patient ne doit pas craindre de consulter un autre thérapeute.

• Un thérapeute doit rester à sa place et ne pas porter de jugement sur vous et votre entourage. Évitez ceux qui vous culpabilisent, qui mélangent religion et soins et qui vous demandent de rejoindre un groupe. Les dérives existent, elles sont faciles à détecter au départ, dans la mesure où l'on ne met pas le doigt dans l'engrenage.

Des solutions alternatives efficaces

Des spécialistes vous en parlent. Parmi toutes les méde-
cines alternatives, nous en avons sélectionné quatre, pour les
expliquer plus en détail. Ceci n'enlève rien à l'efficacité et
aux excellents résultats apportés par les autres.

☐ L'ostéopathie

Elle s'adresse à tous les éléments du corps, de la tête aux
pieds. Nous sommes obligés de nous limiter et n'aborderons
ici que certaines indications, les plus fréquentes, des manipulations viscérales. Elles font partie de la panoplie thérapeutique des ostéopathes. Elles permettent de libérer la mobilité de l'organe et d'améliorer sa fonction. Il existe des
techniques spécifiques pour chaque organe. En améliorant la
mobilité viscérale, l'ostéopathe parvient à rompre le cercle
vicieux « émotion-organe-comportement », qui entretient le
déséquilibre émotionnel, psychique et physique. L'ostéopathie peut agir et avoir des effets bénéfiques sur vos organes.

Les reins. Durant la grossesse, le bébé a souvent tendance
à comprimer les reins ou les uretères (canaux qui vont des
reins à la vessie), ce qui provoque parfois des infections du
rein (pyélonéphrites), des poussées d'hypertension, des douleurs lombaires, des sciatiques. L'ostéopathe peut apprendre
à la future maman des postures qui évitent ces douleurs et
permettent au bébé d'être moins comprimé. Si vous êtes
enceinte, je vous recommande particulièrement cet exercice :
– mettez-vous en position de « prière arabe », c'est-à-dire
à genoux, buste et tête basculés vers l'avant, bras dans le
prolongement et main appuyées sur le sol ;
– puis relâchez votre ventre en inspirant et rentrez-le en

expirant. Répétez le mouvement plusieurs fois en prenant soin de ne pas cambrer la colonne vertébrale.

Cette posture donne de l'espace au bébé et soulage reins, nerf sciatique et veine cave qui ne sont plus comprimés. La veine cave est une grosse veine située dans le ventre et qui se divise en nombreuses autres veines se répartissant dans les jambes. Une compression de la veine cave peut provoquer des varices souvent plus marquées du côté gauche.

Le foie et la vésicule. Lorsque la vésicule a tendance à fabriquer des calculs biliaires, un ostéopathe peut aider à la vider, par des manœuvres précises. Il peut également agir sur un foie congestionné ou durci et figé à la suite d'une hépatite. Le mobiliser par des manipulations lui fait beaucoup de bien et la personne en ressent généralement aussitôt les bienfaits.

L'estomac. Les hernies hiatales et reflux sont aussi en relation avec le foie. Aussi, l'ostéopathe agit sur le foie pour obtenir un effet au niveau de la jonction entre l'œsophage et l'estomac. L'ostéopathe peut calmer les douleurs d'ulcère en complément des médicaments qui assurent un bon confort, mais c'est surtout dans les suites d'ulcère et d'opération qu'il peut éviter la formation d'adhérences cicatricielles par des mouvements très précis. Un estomac situé trop bas (eh oui, ça existe !) se vide mal. L'acidité augmente, il peut même se produire un reflux de bile et de suc pancréatique qui revient dans l'estomac au lieu de se diriger vers l'intestin et le duodénum. L'ostéopathe peut faire retrouver une meilleure place à l'estomac, et surtout le rendre plus mobile et fonctionnel.

L'intestin. Consultez un ostéopathe après toute opération abdominale afin qu'il puisse repérer et relâcher les adhérences cicatricielles. Ces dernières sont quasi systématiques. Selon leur situation, elles peuvent entraîner des problèmes de transit intestinal avec risque d'occlusion ou des problèmes circulatoires veineux et lymphatiques. Situées en bas de l'intestin, les adhérences affectent la vessie et l'utérus.

Le thorax et son contenu. En cas de traumatisme important (chute sur le dos, accident de voiture, de cheval, de vélo, etc.), nous avons tous le réflexe de penser à la colonne vertébrale en oubliant les côtes et tout le contenu du thorax. Un ostéopathe sera attentif à ces zones apparemment secondaires de votre corps. Il est également bon de consulter un ostéopathe après une opération du cœur ou des poumons. Il vérifiera l'état des côtes, du diaphragme, de la plèvre et des attaches du cœur.

Les organes génitaux. La rétroversion de l'utérus entraîne des problèmes circulatoires du petit bassin et des jambes, ainsi que des douleurs lombaires. Attention : l'ostéopathie ne se donne pas pour but de redresser un utérus qui, immanquablement, repartira en arrière, mais de lui redonner, ainsi qu'à son col, de la mobilité et un bon fonctionnement. La pratique régulière de la marche aide l'utérus à garder sa mobilité. Les petits conduits des trompes ont vite tendance à s'obstruer à la suite de micro-infections passées inaperçues qui parfois ont pour conséquence l'infertilité. Par des manipulations très légères, un ostéopathe peut réussir à étirer les trompes pour les rendre plus perméables. Prudence et réserve sont à formuler quant aux résultats, mais certaines patientes sont convaincues d'avoir pu avoir un enfant grâce à l'ostéopathie.

Les libérations viscérales émotionnelles. Certaines techniques permettent de libérer les surcharges émotionnelles des organes. Une main posée sur l'organe et l'autre sur le crâne, l'ostéopathe peut, par des appuis très légers, relâcher les tensions. Bien exécutées, ces manœuvres permettent d'obtenir des résultats étonnants dans la mesure où les tensions mécaniques ont été au préalable soignées.

☐ L'acupuncture (Dominique Thévenot, acupuncteur et ostéopathe)

L'acupuncture est l'une des techniques utilisées en médecine traditionnelle chinoise. Sa pratique remonterait à plusieurs siècles avant Jésus-Christ. Elle associe la pharmacopée (phytothérapie), des exercices physiques énergétiques spécifiques (chi-gong), la diététique, les massages, voire les déblocages de certaines articulations. Les techniques sont choisies après l'établissement d'un diagnostic propre à l'approche traditionnelle chinoise, diagnostic qui n'a rien à voir avec celui de notre médecine occidentale et qui fait suite à :
– un interrogatoire très détaillé (semblable à celui de l'homéopathe par sa précision) ;
– un examen de la langue (couleur, enduit, forme) ;
– une observation du teint ;
– la prise des pouls, tout particulièrement. Par une palpation digitale, le thérapeute détermine la profondeur, la tension, la puissance, le rythme, la qualité, le bon emplacement du battement artériel. Les pouls sont palpés principalement aux poignets, également aux pieds, au pli de l'aine, au cou, à la tête.

Une fois le déséquilibre identifié, le thérapeute choisit l'approche qui semble la mieux adaptée à son patient. Acupuncture, phytothérapie, exercices énergétiques… dépendent du même diagnostic et des mêmes lois thérapeutiques. S'il opte pour l'acupuncture, la détermination des points se fait en fonction de lois établies en analogie avec l'observation méticuleuse des lois de la nature : le chaud, le froid, l'humide, le sec, le jour, la nuit, le ciel, la terre, toutes les énergies, en un mot le yin et le yang. Ces lois se nomment entre autres « la loi des cinq éléments » ou « les six qualités du ciel ». Par exemple, une cystite déclenchée par une contrariété pourra être traitée chez certaines personnes à partir de points du méridien du foie si le pouls et l'interrogatoire en confirment le bien-fondé. Pour d'autres, dont le pouls révèle un déséquilibre au niveau de la vessie, le thérapeute choisira des points totalement différents, comme ceux du rein ou peut-être de la vessie.

Les points sont des sortes de vannes situées sur, ou dans (parfois sur et dans) des chemins énergétiques appelés méridiens. Ils sont stimulés avec de très fines aiguilles, ou des moxas (petits bâtonnets d'armoise brûlés soit sur la peau soit à petite distance de la peau pour agir sur des zones réflexes ou sur des territoires cutanés) pour la chaleur, à des profondeurs très précises afin de mettre en relation certaines parties du corps avec les organes et d'agir sur leur physiologie. Les méridiens et les points ne possèdent pas de supports anatomiques, mais parfois ils se situent en regard ou proches de certains éléments vasculaires ou nerveux.

La maladie, la santé perturbée, la fatigue, les malaises, les troubles psychosomatiques ou somatopsychiques indiquent et prouvent que la régulation automatique du corps ne fonctionne plus de manière satisfaisante. Il faut donc passer en manuel, comme le fait un marin prenant la barre quand son pilote automatique est cassé ! L'acupuncture traite la personne ou le symptôme seul, et non la maladie directement. Cette particularité fait de l'acupuncture une approche adaptée à tous les troubles dits fonctionnels où apparaissent des symptômes comme : insomnie, maux de tête, vertiges, palpitations, nausées, troubles digestifs, asthme, allergies, troubles des règles, douleurs diverses, fatigue faisant suite à des maladies graves, etc.

On ne trouve guère de contre-indications à l'acupuncture, mais plutôt des non-indications. Il semble par exemple très difficile de réguler, avec l'acupuncture seule, une personne qui serait au bord de l'épuisement. Comme l'homéopathie et l'ostéopathie, l'acupuncture aide le terrain et la physiologie du patient à retrouver son potentiel inné de santé. En ce sens, nous pouvons préciser qu'elle est particulièrement recommandée en thérapie préventive.

☐ **La sophrologie (Maryvonne Trouillon, sophrologue)**

La sophrologie est à la fois une science, un art de vivre et une philosophie. Elle tend à restaurer l'équilibre dans l'investissement des trois grands registres de notre personnalité : le mental, le corporel et le comportemental. Pour cela, elle agit sur les états et les niveaux de la conscience, par différentes techniques :

– la prise de conscience et l'apprentissage d'une bonne respiration abdominale ;

– le « lâcher-prise » avec action positive dirigée vers la conscience, sous forme de mots, d'images, de sensations ;

– l'évacuation du stress quotidien par des exercices appropriés et une prise de conscience de l'instant présent : « Ici et maintenant ».

Le but de la sophrologie est de rendre la personne le plus autonome possible.

☐ **Les fleurs de Bach (Dr Françoise Coullet, membre du registre de la fondation Bach)**

Les fleurs de Bach sont des préparations à base de fleurs, destinées à restaurer l'équilibre émotionnel. Le docteur

Edward Bach, homéopathe anglais, a consacré toute sa vie à chercher dans la nature un traitement de la maladie pour une guérison douce, indolore et sans danger. Ses nombreuses observations cliniques ont montré l'importance de l'état émotionnel et de la personnalité du patient dans le traitement de la maladie. Initialement, un être humain est doté d'un ensemble de caractéristiques émotionnelles constituant l'« équipement » de base indispensable à la vie, au même titre que l'ensemble de ses organes. Le docteur Bach, médecin et biologiste, a découvert 38 fleurs répondant à 38 états émotionnels. Il a réparti ceux-ci en 7 groupes correspondant aux troubles fondamentaux rencontrés : la peur, la solitude, le manque d'intérêt pour le présent, le doute, l'hypersensibilité, le découragement, le souci excessif des autres.

Les élixirs floraux réalisent une harmonisation par levée des blocages émotionnels. Chaque préparation de fleur contrebalance une émotion négative pour rétablir doucement l'équilibre du patient. Sur le plan physique, les fleurs agissent par l'intermédiaire de l'état psychique du patient. On ne traite donc pas une maladie mais un patient dans son ensemble, indépendamment de ses signes cliniques. La reconnaissance de l'état émotionnel constitue la clef de voûte du diagnostic. C'est essentiellement par l'entretien qu'est défini un profil de fleur(s). Cette thérapeutique, sans effets secondaires ni indésirables, est applicable quel que soit l'âge du patient, de la naissance au grand âge. Les indications de cette approche thérapeutique sont très larges et on peut globalement définir deux axes d'utilisation : soit face à une situation précise, difficulté de vie, deuil, maladie, etc. ; soit pour permettre au patient d'accroître le discernement positif des événements et la conscience de soi.

☐ Les autres thérapies

La psychanalyse. Elle aide à régler ses conflits en se penchant sur son passé, en le revivant, en l'analysant et en l'interprétant. Au cours de l'analyse, l'inconscient ressurgit, il est alors exprimé par les mots et les comportements. Le patient se libère de ses troubles psychiques par un processus de transfert sur l'analyste.

La psychothérapie. Elle consiste en un échange verbal avec le psychothérapeute. Les mots sont très importants. Ils permettent d'analyser les faits et les situations pour aider le patient à résoudre ses conflits. La psychothérapie est plus facilement acceptée par les patients.

La thérapie comportementale. Par des exercices appropriés, elle aide la personne à analyser son problème et à lui adapter les meilleures solutions. Cette thérapie est fondée sur l'apprentissage et le conditionnement.

Le chi-gong. Littéralement « travail de l'énergie », le chi-gong est une méthode de circulation de l'énergie dans le corps fondée sur le mouvement. Il s'agit d'une relaxation énergétique issue de la philosophie et de la médecine traditionnelles chinoises.

Le shiatsu. Méthode japonaise où les doigts et les mains exercent des pressions et des massages qui aident à lever les barrages et à faire circuler l'énergie du corps. En Europe, elle est surtout très pratiquée en Italie.

Le yoga. C'est une autre pratique liée à la circulation de l'énergie. Elle est fondée sur les postures, la concentration, la relaxation obtenue par la maîtrise de la respiration.

L'eutonie. C'est une pratique corporelle qui, grâce à des postures et à des étirements, permet d'obtenir détente et liberté de mouvement. Elle comporte également un travail d'intériorisation.

En matière de mieux-être, les méthodes douces sont nombreuses. On peut citer également :
- L'aromathérapie, à base d'huiles essentielles.
- La microkinésithérapie, qui réveille la mémoire du corps.
- Le taï-chi-chuan, qui allie l'art martial, la gymnastique et la méditation par des enchaînements très lents.
- Le stretching, qui élimine les tensions par l'assouplissement.
- La visualisation de ses problèmes, qui met la personne en situation imaginée.
- La méditation, souvent difficile à pratiquer !
- La méthode Mézières, à base d'étirements mettant en jeu tout le corps.
- Les séances de massages, de balnéothérapie, de remise en forme font également partie de l'éventail des thérapies du bien-être dont nous disposons aujourd'hui.
- Les cures d'oligoéléments, de vitamines, de sels minéraux sont d'excellentes stratégies « mieux-être », mais à concevoir de préférence avec votre thérapeute pour un équilibre optimal.
- Et n'oublions pas la danse, la musique, le dessin, la peinture, toutes les expressions artistiques.

Remerciements

Un très grand et chaleureux merci à tous ceux qui, par leur présence et leur soutien, m'ont permis d'avancer sur le chemin de la connaissance des messages de notre corps :

Jean Arlot, le professeur Georges Arnaud, Michel Boujenah, Marc Bozetto, Paul Chauffour, le professeur Pierre Cornillot, Vincent Coquard, Françoise Coulet, Alain Croibier, Jacques Descotte, Thomas Dummer, Didier Feltesse, Viola Fryman, Régis Godefroy, Barbara Hendricks, Lionelle Issartel, Bernard Lignier, Franck Lowen, Jean-Paul Mathieu, Pierre Mercier, Serge Paoletti, le professeur Bernard Paramelle, Henri Pinel, Didier Prat, Louis Rommeveaux, Maurice-Paul Sainte-Rose, Dominique Thévenot, Dominique Triana, John Upledger, John-Matthew Upledger, Gail Wetzler, John Whernam, sans oublier les familles Planchard et Igounet et toute la tribu Barral, dirigée de main de maître par Rose et René.

Table

Deuxième partie :
CE QUE PENSENT VOS ORGANES

TABLE 309

TABLE 311

Troisième partie :
POUR PRENDRE SOIN DU MESSAGER

Composition : IGS-CP
Impression : Imprimerie Floch, mars 2009
Éditions Albin Michel
22, rue Huyghens, 75014 Paris
www.albin-michel.fr

Direction éditoriale : Laure Paoli

ISBN 978-2-226-16866-5
N° d'édition : 16707/07. N° d'impression : 76136.
Dépôt légal : octobre 2005.
Imprimé en France.